LA POUDRE AUX YEUX

www.editions-jclattes.fr

Justine Reix

LA POUDRE AUX YEUX

Enquête sur le ministère de l'Écologie

JC Lattès

Couverture : lepetitatelier

ISBN : 978-2-7096-6929-0

Première édition mars 2022

« Le courage c'est savoir que tu pars battu,
mais d'agir quand même sans s'arrêter.
Tu gagnes rarement mais cela peut arriver. »

Haper Lee, *Ne tirez pas sur l'oiseau moqueur*

Sommaire

Avant-propos

Je suis en reportage en Chine. Dans le métro d'une province éloignée de la capitale, le train sort du tunnel pour la première fois depuis mon arrivée dans la ville. Alors que je pense admirer le paysage, ce que j'aperçois par la fenêtre me retourne l'estomac. Il n'y a rien. Ou plutôt un brouillard – un smog. Je plisse les yeux et remarque au loin quelques bâtiments qui défilent. Comment est-il possible que la pollution soit aussi forte ? Je m'interroge, la question tourne en boucle dans ma tête. Nous avons tous déjà entendu parler de la pollution en Chine, en Inde, mais la voir de ses propres yeux, c'est différent. Je me détourne de cette vision d'horreur pour observer les personnes autour de moi. La plupart portent un masque. Nous sommes bien loin d'une pandémie mondiale et d'un Covid-19. Si comme les Japonais, certains Chinois portent le masque lorsqu'ils sont malades, ici, c'est principalement pour se protéger des particules fines – qui passent malgré tout entre les mailles du tissu. Au même moment, un enfant haut comme trois pommes, qui vient probablement d'apprendre à marcher, se met à tousser bruyamment. Sa mère tente de le calmer. Il parvient difficilement à respirer et inspire plusieurs grandes bouffées d'air pour apaiser ses poumons.

Pourquoi parler de la Chine pour introduire une enquête sur le ministère de l'Écologie français ? Parce que l'urgence n'en devient une que lorsqu'elle s'infiltre dans notre système respiratoire. Comme la Chine qui, après avoir pollué son air et ses sols pendant de nombreuses années, tente tant bien que mal de réduire ses rejets nocifs dans l'atmosphère. Après ce voyage, j'ai décidé de m'intéresser de plus près à la politique environnementale en France. J'ai rapidement compris qu'elle était très souvent impuissante. La politique parle souvent une autre langue que le reste du monde, et il est dur de comprendre ce qui s'y trame. On a souvent tendance à accuser le président de la République ou le ministre – à tort ou à raison – sans pour autant comprendre leurs balbutiements techniques. Les reportages catastrophes sur notre environnement continuent d'être diffusés au fil des années. Les rapports qui tirent la sonnette d'alarme sont de plus en plus pessimistes. On ne pensait pas que c'était possible, d'ailleurs. Des articles, en une de journaux, sortent sur des Français qui choisissent de ne pas faire d'enfants par peur de l'avenir[1].

1. Léa Iribarnegaray, « Les jeunes qui refusent d'avoir des enfants, entre acte écologique et angoisse de l'avenir », *Le Monde*, 2 septembre 2020.

Entre deux calculs de factures, on s'interroge parfois. Depuis des années, des associations interpellent sur le désastre futur. Mais jusqu'ici tout va bien, non ? À première vue, oui. On peut continuer notre vie paisiblement. Pourtant autour de nous, des petits détails nous laissent prévoir le pire. Lors d'une promenade dans les forêts du Grand-Est, il suffit de lever la tête pour constater un cortège d'épicéas morts. Ils virent à l'orangé avant de perdre leurs aiguilles. À l'origine de cette étrange forêt : le réchauffement climatique qui a apporté un climat favorable à des parasites. Dans ce cas, il s'agit d'un insecte nommé le scolyte. Il creuse des galeries sous l'écorce pour y déposer ses œufs et condamne ainsi les arbres[1].

En parlant d'insectes, ce moustique qui résiste à votre insecticide et vous empêche de dormir tous les étés n'est autre que le célèbre moustique tigre. Déjà présent dans 45 départements métropolitains[2], il a débarqué au fil des années grâce à la hausse des températures.

Régulièrement, les zones côtières sont confrontées à des inondations et à l'érosion du littoral, forçant souvent les habitants à renoncer à leur logement en bord de mer. En un peu plus d'un siècle, le dérèglement climatique a entraîné une montée du niveau

1. ONF, « En forêt, la crise des scolytes s'accélère partout en France », 12 janvier 2021.

2. Ministère des Solidarités et de la Santé.

de la mer de 20 centimètres. Le taux moyen d'élévation du niveau mondial était de 1,3 millimètre par an entre 1901 et 1971 pour atteindre 3,7 millimètres par an depuis 2006[1]. Sans parler de l'évolution de nos températures en France : avec en 2019, une moyenne annuelle de 13,7 °C, troisième rang des années les plus chaudes depuis le début du XXe siècle[2].

Mais alors qu'attendons-nous pour faire quelque chose ? Est-ce à moi, petit colibri de la légende amérindienne de prendre à bras-le-corps ce problème ? Un jour, dit cette légende, un incendie de forêt se déclare. Les animaux terrifiés observent, impuissants, les flammes dévorer leur habitat. Seul le petit colibri s'active, allant chercher quelques gouttes avec son bac pour les jeter sur le feu. Après quelques allers-retours, le tatou agacé par cette agitation dérisoire lui dit : « Colibri ! Tu n'es pas fou ? Ce n'est pas avec des gouttes d'eau que tu vas éteindre le feu ! » Le colibri lui répond simplement : « Je le sais, mais je fais ma part. »

Est-ce que je n'en fais pas assez ? Que font nos hommes et femmes politiques pour nous prémunir de la catastrophe qui arrive droit sur nous ? Est-ce de leur faute ?

Lorsque Nicolas Hulot, alors ministre de l'Écologie, encore apprécié des Français, démissionne en 2018,

1. E.U. Copernicus Marine Service Information.
2. Météo France.

tout ce que l'on retient, c'est cette larme lors de son départ. Il n'est pourtant pas le seul à abandonner le navire en pleine tempête. Pourquoi ?

En France, on se targue aujourd'hui d'être les rois du climat, d'avoir été à l'origine de l'ambitieux objectif de maintien à – de 2 °C de l'accord de Paris. De belles paroles sur le papier qui ne sont pour l'instant toujours pas respectées. Avons-nous simplement de mauvais ministres de l'Écologie ? Empêche-t-on nos différents ministres de se lancer dans une véritable transition écologique ?

Les quelques prises de décisions donnent la douloureuse impression que l'écologie sert une clientèle électorale de bobos, sans se soucier des conséquences sociales. La crise des Gilets jaunes, qui reprochaient au gouvernement de ne vouloir que taxer sans penser à la justice sociale, a accentué cette idée d'une politique écolo réservée aux privilégiés.

Le tout premier ministre de l'Écologie, Robert Poujade, nommé en 1971, s'est rendu compte qu'il était à la tête du ministère de l'impossible, comme il a aimé le répéter *a posteriori*. Entre les hommes et femmes politiques désintéressés et les lobbyistes déguisés en experts, difficile de se faire entendre. Alors j'ai décidé de plonger tête la première dans la petite tambouille française. Deux ans d'enquête, à rencontrer ceux qui ont été acteurs de ce ministère réputé faible : députés, chercheurs, organisations non gouvernementales

(ONG), directeurs de cabinet, de communication, fonctionnaires, syndicats, élus européens, lobbyistes et bien entendu ministres... Bienvenue au ministère de l'Écologie trop petit et trop faible pour une cause bien trop grande.

1.

Félicitations pour votre nouveau poste de ministre

« Quand vous arrivez aux responsabilités,
dans les minutes qui suivent,
tout est fait pour vous couper du monde.
On vous met sous cloche. »

Delphine Batho,
ancienne ministre de l'Écologie[1]

1. Delphine Batho, *Insoumise*, Paris, Grasset, 2014.

Votre téléphone vibre. « Numéro masqué » s'affiche sur votre écran. Vous grommelez, rien ne vous insupporte plus que ces personnes qui appellent sans révéler leur identité. Mais vous décrochez. À l'autre bout du fil : le Premier ministre. Il vous propose de devenir le prochain ministre de l'Écologie. Ce n'est pas vraiment une surprise, vous avez passé une heure et demie d'entretien, la semaine dernière, à ce sujet. Vous êtes flatté, vous vous dites : « Ministre de l'Écologie, ce n'est pas rien tout de même. » C'est l'un des postes les plus importants du gouvernement, en particulier en ce moment. Entre le réchauffement climatique, la pollution de l'air et la montée des eaux, c'est un devoir envers les générations futures. Vous acceptez. Vous débordez déjà d'idées, vous espérez marquer un tournant dans la lutte contre le réchauffement climatique et l'utilisation des produits phytosanitaires, encore autorisés en France, qui polluent les sols. Tous les regards seront tournés vers vous.

En guise de réponse, vous osez un sérieux « je vais y réfléchir » ou vous vous étonnez d'entendre sortir de votre bouche une phrase pompeuse : « C'est avec un haut sens du devoir et des responsabilités que j'accepte, monsieur le Premier ministre. » Si vous optez pour la seconde réponse, c'est bien, il y a de fortes chances que cela devienne votre nouvelle façon de vous exprimer. Dans tous les cas, cela va très vite, l'annonce se fera dans la journée. Alors pour le temps de réflexion, on repassera. Vous acceptez le défi d'accompagner la France dans sa transition écologique. Lorsque vous raccrochez, votre téléphone ne sera plus jamais éteint, de jour comme de nuit, durant toute la période de votre exercice. Il vous reste à attendre la confirmation officielle, qui doit venir d'un appel imminent du président de la République. Le portable sonne à nouveau. Un autre numéro inconnu. Il n'aura pas fallu patienter longtemps.

Avec un peu de chance, vous êtes ministre d'État. Eh non, tous les ministres n'ont pas ce titre honorifique. Concrètement, votre tête apparaît plus haut que les autres dans les organigrammes du gouvernement. Et ce n'est pas seulement pour être bien situé sur la page de l'organigramme du gouvernement que beaucoup se battent pour cette place. Ce statut permet d'avoir un rang plus élevé que vos confrères et consœurs et d'être systématiquement convié au Conseil des ministres, le carré VIP de la République. Tous n'y ont pas accès. Cette réunion au sommet permet de disposer d'informations privilégiées et surtout d'avoir un accès direct au président de la République et au Premier ministre.

Pour l'âge, ne vous attendez pas à être appelé trop jeune, la moyenne est de 51 ans.

Dès le lendemain, c'est le grand jour : celui de la nomination officielle. Après quelques heures d'attente qui font râler les journalistes, le secrétaire général de la présidence de la République s'avance vers l'estrade. La cause officielle du retard peut en réalité cacher les derniers ajustements de portefeuilles entre ministres. Un à un, il énonce les noms des nouveaux membres du gouvernement sur le perron de l'Élysée. C'est l'une des rares occasions où les Français voient son visage mais vous avez tout intérêt à l'avoir de votre côté, il sera présent à des réunions très importantes. Sur un ton solennel, il prononce, devant une nuée de caméras, votre nom et celui de vos futurs collègues. À peine votre nom prononcé, votre téléphone vibre. « Bonjour, seriez-vous disponible pour un entretien au journal de 20 heures ce soir ? »

Quelques heures plus tard vient le moment de la passation de pouvoirs, celui où vous devenez officiellement ministre et membre à part entière du gouvernement. Un mélange de stress et d'excitation vous envahit. Vous relisez encore et encore votre discours. Vos paumes sont un peu moites, vous espérez que cela ne se sentira pas lorsque vous devrez serrer des mains. Votre voiture s'arrête. « Nous sommes arrivés », indique votre chauffeur en vous regardant à travers le rétroviseur, un sourire aux lèvres. Il vous accompagnera désormais partout et sera votre compagnon de route, soutien sans faille, qui gardera secret ce qu'il se dit dans le luxueux habitacle.

Une grande respiration et vous voilà lancé. Vous vous retrouvez face à l'hôtel de la Roquelaure, au 246 boulevard Saint-Germain, dans le VIIe arrondissement de Paris. Cette magnifique bâtisse, du XVIIIe siècle, est idéalement située pour un ministre. À quelques minutes seulement de Matignon et de l'Élysée, votre ministère est plus central que d'autres comme Bercy, beaucoup plus isolés à Paris. Cette demeure s'inscrit dans la disposition classique des hôtels particuliers parisiens. Dans un domaine clos, l'élégant bâtiment abrite des bureaux chargés d'histoire, et des murs habillés de dorures et de moulures de l'époque. Un superbe jardin privé d'un demi-hectare accompagne le tout. Mais il est encore trop tôt pour le visiter.

Votre prédécesseur vous attend sur le parvis pour un discours. Il a même une fleur à la main, si vous vous entendez bien. Une foule de personnes est réunie pour assister à votre arrivée officielle au ministère. Les anciens membres du cabinet, qui partent en même temps que l'ex-ministre et ses bagages, vous regardent avec méfiance et hostile. Ceux qui restent vous scrutent aussi, certains vous font déjà de l'œil pour garantir leur place. Vous le savez, tous les organismes sous tutelle de votre ministère attendent de vous d'être non seulement irréprochable, mais aussi d'améliorer leurs conditions de travail. C'est ce qu'ils réclament tous. Parmi ces établissements, l'Office national des forêts, chargé de la gestion des forêts publiques de notre pays, ou encore l'Ademe, l'Agence de la transition écologique, qui s'occupe des opérations de protection de l'environnement et de la maîtrise de l'énergie. Chacun affiche un budget d'environ 600 millions d'euros. Des montants à donner le tournis, même s'il faudra rapidement relativiser car l'essentiel sert à payer les salaires des agents.

En tout, un peu plus de 50 000 personnes travailleront à plein temps pour votre ministère. Malgré le nombre de zéros, ce chiffre ne fait que baisser depuis quelques décennies. Attention à ne pas vous laisser emporter par l'euphorie qu'apportent le pouvoir et ce poste si prestigieux. Vous ne pouvez pas vous empêcher d'être gonflé d'espoir et peut-être un peu d'orgueil. Le salaire est plutôt confortable : plus de 10 136 euros bruts mensuels. Mais attention, il ne s'agit pas d'un CDI. À tout moment, vous pouvez être rayé de la carte. Un mot de trop, une révélation ou un désaccord font partie des multiples raisons pour lesquelles vous sauterez.

C'est l'heure pour votre prédécesseur de faire son discours de départ. Bien entendu, il fait le bilan de son passage. À l'entendre, il a tout révolutionné et accompli de grandes choses pour l'écologie en France. Foutaise, hormis quelques petites avancées, il n'y a rien de notable dans son bilan. Il n'a pas de bol en plus, aujourd'hui, il suffit de lever les yeux au ciel pour voir un nuage gris de pollution envelopper Paris. Il aborde les défis qui vous attendent. Ces derniers jours, vous avez travaillé d'arrache-pied sur ces problématiques pour être au point et avoir du répondant face aux questions des journalistes. Vous voyez déjà les membres de la meute au loin, jouant des coudes avec leurs micros, caméras et objectifs, prêts à vous mitrailler et à analyser le moindre de vos mouvements.

S'ensuit un tonnerre d'applaudissements pour conclure le discours de départ de votre prédécesseur, quelques « bravos » criés dans la foule, une bise chaleureuse et une poignée de main que vous n'espérez pas trop humide. C'est à vous de vous approcher du pupitre.

Vous tenez quelques petites notes pour éviter d'avoir un oubli. Ce serait dommage de commencer par donner une mauvaise impression. Votre main tremble légèrement mais vous n'êtes pas là par hasard, vous connaissez bien les sujets environnementaux et êtes engagé dans différentes associations depuis de nombreuses années. Certains pourraient même vous reprocher d'être trop « écolo » pour le poste. Avec aplomb, vous déclamez votre texte. Même si vous ne le pensez pas, vous louez le travail de votre prédécesseur et le remerciez pour ces quelques mois au service du ministère. Avec un mot pour les secrétaires d'État et les administrations, vous souhaitez attirer leur sympathie et leurs applaudissements.

Bien sûr, vous parlez des points qui seront bientôt à l'ordre du jour et des grandes priorités : une baisse des émissions de CO_2, le déclin de la biodiversité et l'épuisement des ressources. Vous parlez d'actions, ce qu'il a toujours été reproché de manquer aux ministres de l'Écologie. Comme beaucoup de vos prédécesseurs, vous n'échappez pas à la définition de ce que représentent ce poste et ses enjeux. « Un ministère de combat, pragmatique, d'ambition, de transformation. » Vous vous devez de choisir quelques-uns de ces mots pour en faire votre philosophie et ne pas vous éparpiller. Vous remerciez le Premier ministre et le président de la République pour leur confiance et concluez avec un sourire qui se veut rassurant.

Lors de la photo officielle de passation de pouvoirs, votre prédécesseur vous chuchote à l'oreille : « Tu vas en chier. » Vous riez doucement. Ce n'est pas la première fois qu'on vous prévient et qu'on tente de vous impressionner. Bien que l'écologie soit l'une des priorités du chef de l'État, votre ministère a toujours fait grincer des dents les autres membres du gouvernement. Long terme, anti-croissance, ministère de protection des petits animaux et même déclencheur de crises sociales avec la taxe carbone et les Gilets jaunes, votre poste a toujours été vu comme celui de l'emmerdeur de service. Vous n'en avez que faire et êtes gonflé d'espoir, vous ne finirez pas comme les autres. Les autres, c'est cette trentaine d'anciens ministres qui se sont succédé. L'espérance de vie dans ce ministère est parmi la plus courte de tous les postes du gouvernement. Avec une moyenne d'un an et demi, soit 19 mois, c'est un peu moins que l'Agriculture et l'Intérieur qui sont à 23 mois, ou les Affaires étrangères à 29 mois. Le poste se démarque par les passages relativement courts et instables de certains ministres. Renvois ou démissions express, on parle même de valse des ministres. Ces dernières années, ils sont plus nombreux à ne rester que deux mois, voire même quelques jours plutôt que des années.

La difficulté d'exercer à ce poste en a fait fuir plus d'un. À l'entrée, des photos des anciens ministres ornent le mur. En noir et blanc, certains se sont succédé si rapidement qu'ils vous rappellent des soldats tombés au combat. Mais vous êtes prêt à en découdre. Ne vous cherchez pas, vous n'y apparaitrez qu'une fois le combat livré.

Vous sentez dans votre poche votre portable vibrer sans cesse. Vous y jetez un bref regard. Des dizaines de messages s'accumulent. C'est une pluie de félicitations de la part de vos amis, anciens collègues, de votre famille mais aussi de numéros que vous ne connaissez pas encore et de grands noms qui ont trouvé, on ne sait où, votre numéro. Parmi tous ces « Bravo, tu le mérites ! » très élogieux se trouvent aussi quelques messages de vos futurs ennemis qui ne font, pour l'instant, que vous brosser dans le sens du poil. Il faudra penser à enlever l'option vibreur à l'avenir.

Après un nombre incalculable de mains serrées et un jeu de questions-réponses avec les journalistes, c'est le moment de découvrir votre nouvel espace de travail. Le côté cérémonial républicain pompeux ne vous plaît guère. Lorsque vous vous y promenez pour la première fois, vous remarquez que le parquet grince, donnant tout son charme au lieu. S'il est magnifique, les dorures vous rappellent trop les châteaux d'époque. Certains choix de décoration d'anciens ministres vous laissent sans voix. Une chambre et un couloir ont été peints en jaune, ce qui est peu raccord avec le style du bâtiment. Pire, un salon de réception est doté d'un faux plafond équipé de spots multicolores, dignes d'une boîte de nuit des années 1980.

Un immense miroir fait face au dos de votre bureau en bois. Un somptueux lustre éclaire la pièce déjà lumineuse grâce à ses grandes fenêtres. Toutes les affaires de l'ancien ministre ont disparu. Seul reste le cadre avec le portrait officiel du président de la République. Vous aimeriez bien ajouter quelques meubles pour apporter votre touche personnelle. Chaque année, ce sont près de 900 à 1 000 objets qui sont déposés ou prêtés au titre de l'ameublement. Puis vient cette peur de personnaliser ou de mettre des objets un peu trop symboliques. Une cabane à oiseaux directement sur votre bureau comme votre prédécesseur ? Non merci. Et si ça vous portait malheur ? Vous secouez la tête pour chasser cette idée de votre esprit. D'autres choses beaucoup plus importantes que la décoration vous attendent. Il s'agit de transformer, de métamorphoser, d'écologiser un pays de bientôt 70 millions d'habitants dans une société de consommation, elle-même issue d'une société industrielle.

De nombreux documents s'accumulent déjà sur votre bureau. Installé sur la chaise en cuir tanné, vous vous accordez une seconde pour respirer et admirer la pièce. Profitez, cela ne vous arrivera plus avant un long moment. Vos yeux se ferment une demi-seconde avant de se rouvrir. Au travail ! Vous balayez du regard tous les dossiers. Un épais classeur est disposé devant vous : le dernier présent laissé par votre prédécesseur. Un petit mot griffonné à la main, vous souhaite bon courage. En survolant les pages, vous remarquez que chaque sujet du moment est résumé avec brio, avec les dates, les chiffres et les acteurs clés. Vous avez de la chance, ce n'est pas le cas pour toutes les passations de pouvoir. Vous vous dites que vous avez bien fait de déjeuner avec lui régulièrement pour qu'il pense à vous lors de son départ. Lorsque les relations entre les ministres ne sont pas au beau fixe, c'est au nouveau venu de tout faire avec ses secrétaires et de se renseigner sur les sujets en cours. Mais lorsque vous avez la même couleur politique que votre prédécesseur, c'est beaucoup plus simple. Ce n'est plus « le roi est mort, vive le roi » mais « le ministre est parti, bienvenu au nouveau » ! Vous ne partez pas d'une table rase. Mais vous remarquez que certains projets sont très mal engagés, voire complètement bancals. Vous vous demandez comment vous allez vous sortir de ce pétrin sans y laisser des plumes.

Puis, une chemise surmontée d'un Post-it rose avec le mot « Urgent » attire votre attention. À l'intérieur, une petite liste de noms et de CV. À côté de chaque nom est indiqué le poste qui correspondrait à la personne. Tous vos collaborateurs y sont. Ah, vous pensiez avoir le choix ? Non, non, tout est fait pour vous faciliter la tâche, vous dit-on. Il n'empêche que ces candidats viennent tous des mêmes écoles d'administration. Les Mines, l'École nationale d'administration (ENA), les Mines, tiens juste Sciences Po pour celui-là. Vous envoyez un message au Premier ministre : « Est-ce que je peux nommer quelqu'un qui n'est pas sur la liste ? À vrai dire, j'avais déjà quelques idées... » La minute d'après, sa réponse tient en quelques mots : « On a déjà fait le tri pour toi. Tu peux en choisir un ou deux si tu nous envoies leurs noms pour qu'on les vérifie avant. » On garde les gens du même sérail. Cette liste a en fait été établie par les directeurs des administrations du ministère. Chacun a un poulain qu'il pousse pour représenter son corps d'appartenance dans le cabinet du ministre. Vous n'êtes pas une exception, sur une dizaine de collaborateurs, un ministre n'en choisit bien souvent que quelques-uns. Le communicant, le conseiller spécial et le chef de cabinet sont généralement cette exception. Et encore faut-il désigner quelqu'un de compétent et non pas un vieux copain de promotion ou un cousin qui dit s'y connaître en sujets écolos.

En parlant d'amis de longue date, vous prenez le temps de regarder les autres messages reçus sur votre portable. Parmi toutes les félicitations et demandes d'interviews, il y a aussi une cinquantaine de personnes qui se permettent d'envoyer un « Pense à moi, hein ! » ou encore un « Tu sais que je travaille sur l'écologie depuis plusieurs années, tu ne le regretteras pas ». Dans votre boîte vocale, des messages en attente de prétendants s'accumulent.

Vous n'avez pas le temps pour ça, vous avez cinq minutes de retard à votre première réunion. Au programme, un conseil des ministres, la photo officielle de votre gouvernement, et vous espérez pouvoir commencer par un déplacement sur un lieu stratégique pour montrer votre engagement. Pour bien faire, vous arrivez sur place en voiture électrique.

Puis entre deux rendez-vous, vous préparez votre interview au JT de 20 heures.

C'est le début d'une longue course de fond. Vous enchaînez les rendez-vous pour prendre possession des lieux, mettre en place vos équipes, intégrer les dossiers... Il vous faut aussi préparer les rencontres avec les principaux acteurs des domaines qui vous concernent : PDG d'EDF, d'Orano et de Total, représentants des ONG et directeurs de votre administration et syndicats. Si vous en boudez un, on vous le reprochera plus tard. Vous enchaînez les réunions, et même les conférences à distance. Un échange de dix minutes avec le secrétaire d'État à l'énergie des États-Unis vous rappelle qu'il va falloir se remettre un peu à l'anglais.

Lors d'un appel en visio avec le Premier ministre, en tête-à-tête entre deux pixels, vous parlez planning concernant chaque gros dossier d'actualité. Lorsque vient l'instant d'aborder le nucléaire, vous sentez qu'il se tend. Cette thématique est presque taboue pour tous les ministres de l'Écologie. Vous vous dites que le moment n'est peut-être pas opportun, vous retenterez votre chance ces prochains jours.

Il est 2 heures du matin, c'est la fin de cette première journée, vous rassemblez vos affaires. Un grattement se fait entendre au niveau de la fenêtre de votre bureau qui mène directement au magnifique jardin de l'hôtel de Roquelaure. En jetant un coup d'œil, vous apercevez un matou angora. Une fois la porte ouverte, vous n'avez pas su résister, l'animal réclame une caresse d'un miaulement rauque avant de partir en courant vers le couloir. Alors que vous essayez de le rattraper, une secrétaire, encore là elle aussi, vous rassure. Il s'agit du chat des voisins, qui a pour habitude de venir chasser les souris qui infestent l'hôtel de Roquelaure. Tout le monde le connaît et on stocke même des croquettes rien que pour lui.

Il se fait tard et vu le peu d'heures que vous allez dormir, il vaudrait mieux dormir directement sur place. Vos collaborateurs vous conseillent de vous installer dans le ministère, proposition que vous déclinez gentiment pour apprendre à couper du travail et vous préserver un tant soit peu. Une fois chez vous, vous passez en boucle les mails et les SMS que vous avez ratés. Le nom du ministre de l'Économie vous fait tilter. Ce dernier vous a envoyé un message vers une heure du matin. Vous n'êtes pas le seul à travailler tard. Vous ouvrez le mail avec inquiétude. Il est bien connu que le ministère de l'Économie ne s'est jamais vraiment bien entendu avec celui de l'Écologie. Leurs préoccupations sont à l'opposé. L'un prône la relance de l'économie, le développement industriel, le court terme. Non pas que vous soyez contre tout cela mais lorsque vous demandez de l'argent pour des objectifs qui dépassent les deux prochains quinquennats, autant dire que peu de personnes lèvent le petit doigt pour vous aider. Mais c'est là tout l'intérêt, et ce pour quoi vous êtes là. Vous ouvrez le mail. Un petit paragraphe propose une réunion pour tenter une entente. Mais c'est sa dernière phrase qui vous fait comprendre le contraire : « À chacun sa priorité mais bon, en ce moment, ce qu'il nous faut c'est que les gens soient contents au niveau du chômage et du pouvoir d'achat. » Une bonne manière de vous dire : « T'es gentil mais tu ne vas pas nous emmerder avec ton écologie. » Depuis votre lit, vous regardez votre bibliothèque bien fournie, votre regard s'arrête sur le nom Robert Poujade. Premier ministre de l'Écologie en 1971, il avait qualifié *a posteriori* son poste de ministre de l'impossible. Vous espérez donner tort à vos prédécesseurs et que les temps ont changé mais un doute s'installe petit à petit. Et s'ils avaient raison ? Vous vous sentez seul tout à coup.

2.

Ministère de la Transition écologique et solitaire

« On est un peu des vers solitaires. »

Yves Cochet,
ancien ministre de l'Écologie[1]

1. Yves Cochet, ministre de l'Écologie entre 2001 et 2002 sur LCI en 2019.

Nous sommes le 4 juillet 2018, Nicolas Hulot, alors ministre de la Transition écologique et solidaire, présente son plan Biodiversité au muséum national d'Histoire naturelle à Paris, devant la grande galerie de l'Évolution. Perdu dans ses notes, l'homme lit son discours et lève frénétiquement les bras pour ponctuer son discours. À sa droite, le Premier ministre, Édouard Philippe, esquisse un sourire et hausse un sourcil d'un air moqueur en sa direction. Derrière Nicolas Hulot, ses secrétaires d'État, Brune Poirson et Sébastien Lecornu, gloussent. Tous deux se jettent des regards, hilares, se pincent le nez, mettent leur main devant la bouche, tentant de dissimuler un grand sourire.

Pendant ce temps-là, le ministre continue sans remarquer que les représentants de son gouvernement pouffent dans son dos, devant le public et quelques caméras qui immortalisent ce moment et sous le regard placide d'une girafe empaillée. Bien sûr, un fou rire, cela arrive à tout le monde, mais celui-ci est révélateur selon Nicolas Hulot. « C'est vrai que ça m'a un peu vexé […] mais c'était significatif. La biodiversité n'était pas un sujet très sérieux[1]. » Ironie de l'histoire, les pupitres des ministres étaient situés en tête du cortège des animaux, comme si les hommes continuaient de se penser éclaireurs du bien-être du vivant. Alors que l'on parle de la lutte contre la disparition d'espèces en danger, le sujet semble être pris à la légère non pas du côté des spectateurs mais du gouvernement lui-même. Et c'est la plus grande tare que porte le représentant de l'écologie : la solitude.

Si ses troupes sont généralement de son côté et un minimum militantes pour la transition environnementale, ce n'est pas le cas de toutes les personnes qu'il côtoie chaque jour. Parfois, certains déplorent au contraire la désertion des écolos, à l'instar de Corinne Lepage, ancienne ministre de l'Écologie : « Je me suis demandé : dans le ministère de l'Environnement, combien de bataillons sont vraiment avec moi[2] ? » Alors que l'écologie n'est plus un enjeu si récent que cela, il met un temps infini à s'installer dans les esprits.

Lorsque Nicolas Hulot est arrivé au poste, on peut dire qu'il ne s'attendait pas à ça. Dans sa toute première interview en tant que ministre, accordée au *JDD*, il raconte : « Je sais que ce ne sera pas un chemin parsemé de pétales de roses. [...] Je lui ai dit [à Emmanuel Macron] : j'espère que c'est moi qui vais vous inspirer, les ministres et toi, et non

---

1. Nicolas Hulot, ministre de l'Écologie de 2017 à 2018, *C à vous* (France 5), 25 mars 2021.

2. Corinne Lepage, *On ne peut rien faire, Madame le Ministre...*, Paris, Albin Michel, 1998.

vous qui allez m'aspirer[1]. » L'homme a très rapidement déchanté selon tous ceux qui ont travaillé avec lui à l'époque.

Jean-François Julliard, directeur général de Greenpeace, est accueilli par le ministre en chaussettes quelques semaines après sa nomination : « Il avait enlevé ses chaussures et m'a ouvert la porte comme ça et me tutoyait vu qu'on se connaissait. La première chose qu'il m'a dite c'est : “Si un jour, on te propose d'être ministre, appelle-moi tout de suite et, en quelques minutes, je te convaincrai de dire non[2].” » Malgré son expérience dans son ONG, FNH (fondation Nicolas-Hulot et maintenant Fondation pour la nature et l'homme), et sa popularité à l'époque, Nicolas Hulot laisse un très mauvais souvenir de son passage. Celui d'un homme déchu d'avance et peu travailleur, qualifié de « diva[3] » par son ennemi lobbyiste Thierry Coste et d'« écologiste préférant la position du démissionnaire[4] » par son successeur, François de Rugy.

« Tout le monde connaît Nicolas Hulot mais il ne s'est pas du tout servi de sa notoriété pour convaincre quand il était ministre. On ne l'a pas du tout vu faire de déplacements sur le terrain, pour essayer de gagner des combats en médiatisant les choses. Il a fait le choix de ne pas utiliser

1. Nicolas Hulot, « Ce ne sera pas un chemin de roses », *Le JDD*, 28 mai 2017.

2. Entretien avec Jean-François Julliard, mars 2021.

3. Entretien, avec Thierry Coste, juillet 2021.

4. François de Rugy, *Du pouvoir, des homards… mais surtout de l'écologie !* Paris, Plon, 2021.

sa notoriété et a choisi le consensus avec ses collègues. Clairement, ça a échoué[1] », raconte Morgane Piederriere, responsable du plaidoyer chez France nature environnement (FNE). Une opinion partagée par un ancien conseiller du cabinet : « L'idée de mettre Hulot était bonne sur le principe. La mauvaise surprise est de voir cet homme-là qui en fait ne voulait pas, au fond de lui, être ministre. Pour moi, il s'est dit : “Je suis dans le classement des personnalités préférées des Français, et ça suffira à faire avancer le truc.” Il ne bossait pas et surtout il ne se battait pas. Il fallait qu'il parte tous les jeudis soir ou les vendredis matin à Saint-Lunaire, en Corse, ou à Chamonix, et rentrait le lundi après-midi ou le lundi soir[2]. » Finalement, un bon ministre, c'est surtout quelqu'un qui doit montrer l'exemple en étant présent et qui ne se défausse pas lorsqu'il rencontre des problèmes. « Hulot n'était pas très bien perçu parce qu'il avait adopté un style particulier. Il n'était pas très souvent présent. Il partait le week-end le vendredi à 16 h 15. Au ministère, ce n'était pas très bien perçu. Un bon ministre s'implique et travaille tout le week-end », raconte Emmanuel Martinais, ingénieur et chercheur à l'origine d'études sur le ministère de l'Écologie.

S'il a accepté ce poste, c'est justement parce qu'il l'a toujours refusé auparavant selon bon nombre de ses proches de l'époque. « Je me suis dit : “Je le

1. Entretien avec Morgane Piederriere, mars 2021.
2. Entretien, juin 2021.

fais, je ne sais pas pour combien de temps, mais au moins je ne pourrai pas me dire que je n'y suis pas allé[1]" », raconte-t-il. Sous Emmanuel Macron, on a l'impression, au départ, que ce ministère gagne du terrain. Il est numéro 2 du gouvernement. Quel changement depuis sa création en 1971 où ce n'était qu'un simple secrétariat d'État ! François Hollande confirme qu'Hulot y est allé parce qu'il avait peur que ce soit la dernière fois qu'on le lui propose : « Il a 52 ans donc oui, il se dit sans doute que c'est la dernière fois. Mais il partira de toute façon[2]. » Il fait également le choix d'agir en solitaire, et de ne pas s'appuyer sur l'aide de députés ou de confrères ministres, ce qui accentue son isolement, politiquement, dans l'échiquier du gouvernement.

Le fait d'avoir placé le ministère de l'Écologie comme numéro 2 ou numéro 3 relève de la poudre aux yeux pour la plupart de nos interlocuteurs. « À chaque fois on nous fait le coup. L'écologie est importante car Nicolas Hulot est numéro 2 du gouvernement. On s'en fout, qu'il soit numéro 2 ou 18, ça n'a jamais représenté quoi que ce soit en matière de capacité à participer aux décisions. Cette espèce d'ordre protocolaire, c'est du pipeau. Ça n'a aucun impact pour la suite, aucun[3] », affirme Jean-François Julliard de Greenpeace.

---

1. Jean-Luc Bennahmias, *Le Paradoxe de Monsieur Hulot*, Paris, L'Archipel, 2018.
2. *Ibid.*
3. Entretien avec Jean-François Julliard de Greenpeace, mars 2021.

S'il est évident que l'influence est en partie liée à la personnalité du ministre, ce n'est pas suffisant pour gagner des arbitrages (il ne s'agit pas là d'une règle de football, mais du jargon politique pour désigner le budget alloué à chaque ministère). « Nicolas Hulot bénéficiait d'un certain poids politique mais ça ne l'a pas aidé à gagner les arbitrages. Il s'est épuisé à les perdre systématiquement. C'est pour ça qu'il est parti. Au bout d'un moment, il en a eu marre. On peut bien le comprendre. Les arbitrages dépendent beaucoup du poids politique du ministère et de ses représentants[1] », raconte le chercheur Emmanuel Martinais. Ce dernier donne le contre-exemple de Roselyne Bachelot, « très forte et très stratégique », qui connaît par cœur le fonctionnement politique français. « Elle m'a, par exemple, raconté qu'elle avait gagné un arbitrage à Bercy parce qu'elle avait imposé à Thierry Breton, ministre de l'Économie à l'époque, une entrevue en tête à tête. Elle savait qu'il ne connaissait pas le dossier et qu'elle allait l'avoir comme ça. Elle était très appréciée par la direction du ministère de l'époque. » Ségolène Royal, ancienne ministre de l'Écologie sous François Mitterrand, lisait très bien aussi les circuits de décision grâce à son expérience d'énarque. Morgane Piederriere de l'ONG FNE se souvient : « Elle savait où appuyer, où mettre la pression, qui contacter à Matignon, à l'Élysée, etc. pour réussir à avoir gain de cause. Elle avait déjà été ministre fréquemment [...]. Ses

1. Entretien avec Emmanuel Martinais, juin 2021.

contacts et sa connaissance des jeux de pouvoir l'ont aidé. Ce n'est pas seulement savoir qui appeler mais aussi quand, avec quelle pression, comment obtenir quelque chose de quelqu'un. Elle savait comment tout cela fonctionnait[1]. »

Devenir ministre, c'est aussi être conscient que l'on va nous scruter constamment. Comme n'importe quel homme politique de premier plan, Nicolas Hulot n'est plus sous le feu des projecteurs de TF1 pour son émission *Ushuaïa* mais critiqué pour son inaction en tant que ministre. « Il voyait sa popularité, forte avant son entrée au gouvernement, décliner continuellement, ce qu'il avait beaucoup de mal à supporter[2] », raconte un de ses proches. En effet, sa popularité avait baissé dans les sondages depuis sa prise de fonction. Dès son arrivée au gouvernement, il perd 19 points d'opinions favorables dans le baromètre Elabe pour les Échos et Radio Classique dans le classement des personnalités politiques préférée des sondés.

Ce n'est que quelques semaines après sa démission que sa cote de popularité rebondit et qu'il récupère sa première place. Contrairement à Roselyne Bachelot, Nicolas Hulot espère négocier à la loyale avec ses collègues ministres : « Hulot est évidemment un Ovni. Il a peut-être une approche un peu candide de son rôle de ministre. Quand il est arrivé, il nous a dit : je ne vais pas être dans une logique antagoniste avec mes collègues. Je veux

1. Entretien avec Morgane Piederriere, mars 2021.
2. *Ibid*, juin 2021.

vraiment travailler avec eux[1] ». Être conciliant n'a apparemment pas fonctionné.

Lors de ma rencontre avec Barbara Pompili, elle est encore dans l'exercice de ses fonctions en tant que ministre de l'Écologie d'Emmanuel Macron. « La méthode que j'ai utilisée, c'est pour moi la seule efficace : celle de mettre tout le monde autour de la table, quitte à s'engueuler, mais à la fin, pour pouvoir avancer sur un certain nombre de sujets. C'est une méthode très inclusive qui a eu des résultats parce que j'arrivais à un moment où c'était possible de le faire. [...] Pour moi, si on retient quelque chose de ma marque de fabrique, j'aimerais bien qu'on garde ça, c'est-à-dire qu'au contraire de l'isolement ou du côté "ministère de l'impossible", plutôt en faire un ministère incontournable de la mise en œuvre[2] », raconte-t-elle.

Pourtant, le consensus est ce qui a été reproché à de nombreux anciens ministres. Même le lobbyiste des chasseurs Thierry Coste, estime qu'un bon ministre ne peut pas se la jouer doux comme un agneau : « La plupart des ministres de l'Écologie sont solitaires. Or, il ne faut pas des individualistes. Il faut aller convaincre le président, le Premier ministre, affronter son collègue de la Justice, de l'Industrie, de l'Agriculture[3]. » La solitude de Nicolas Hulot n'est finalement pas si rare que ça.

1. *Ibid.*, mars 2021.
2. Entretien avec Barbara Pompili, décembre 2021.
3. Entretien avec Thierry Coste, juillet 2021.

Être ministre de l'Écologie, c'est avant tout vivre une solitude réservée à sa fonction. Pour ses détracteurs, l'Écologie est réservée aux sujets « mous », c'est le ministère qui cherche la petite bête, va s'occuper du nombre de mètres à respecter pour ne pas menacer les grenouilles en voie de disparition. Saviez-vous qu'il existe des crapauducs, de minuscules tunnels pour permettre aux batraciens de passer d'une route à une autre sans se faire renverser ? Cette initiative a été instaurée par un arrêté du ministère de l'Écologie. Ce ministère, c'est aussi celui qui veut interdire les pailles en plastique qui se logent dans les narines des tortues ou qui interdit la location de logements mal isolés. D'ailleurs, qui ça intéresse au gouvernement de savoir que les « bâtonnets ouatés à usage domestique dont la tige est en plastique » (autre nom du Coton-Tige pour le législateur[1]) sont interdits depuis le 1er janvier 2020 en raison des dégâts sur la faune marine ? Aux yeux des politiques, ces thématiques sont dérisoires, voire contraignantes, comparées au chômage, au pouvoir d'achat ou encore à la sécurité. L'urgence écologique se heurte trop souvent à l'urgence économique et toutes deux sont encore vues comme contradictoires. Comme le rappelle le polytechnicien et directeur général du *think tank* l'Institut de l'économie pour le climat : « Quand vous allez voir Emmanuel Macron ou Jean Castex et que vous leur dites : "Ce n'est pas bon pour l'économie", les mecs

---

1. Loi du 8 août 2016, art. 124, pour la reconquête de la biodiversité, de la nature et des paysages.

écoutent forcément. Pour l'écologie, ce n'est pas vraiment ça[1]. »

Considéré comme précurseur avec des sujets d'avenir, parfois trop abstraits pour ceux qui ne pensent qu'à l'élection prochaine, l'environnement est dans le temps long, pour ne pas dire « trop » long et surtout « trop » loin des préoccupations des Français. Qu'il soit considéré comme ringard ou avant-gardiste, le ministre de l'Écologie combat seul, et face à de nombreux adversaires.

Si l'on oublie les quelques hurluberlus qui osent encore douter du réchauffement climatique, plusieurs indices permettent de comprendre ce rictus qu'une partie de la classe politique affiche face à l'environnement.

Aujourd'hui, il est encore rare de croiser une femme ou un homme politique sans apercevoir dans son CV au moins une école d'ingénieurs comme les Mines, les Ponts et Chaussées, une école de la haute fonction publique comme l'ENA ou l'ENM (l'École nationale de la magistrature)... Et parmi les onze écoles de la haute fonction publique française, les cours qui concernent l'écologie se comptent sur les doigts d'une main[2]. Difficile de reprocher à nos politiques d'ignorer l'écologie. Un collectif d'une centaine d'élèves de ces écoles a d'ailleurs réclamé, en 2021, des changements dans leurs formations à la transition écologique : « Alors même que nous

1. Entretien avec Benoît Leguet, mars 2021.

2. Une vingtaine d'heures sont prévues à ce jour à l'INSP (L'Institut national du service public).

sommes appelés à occuper des postes-clés pour atteindre les objectifs environnementaux de notre pays, nous sommes insuffisamment compétents et trop peu armés pour conduire la transition écologique sur le terrain. Nos formations doivent ancrer, chez les futurs hauts fonctionnaires, un “réflexe écologique” au quotidien[1]. » Les étudiants, conscients de la critique faite à leurs aînés, exigent une refonte en profondeur de leurs cours. « Les politiques environnementales requièrent une conscience aiguë du temps long, qui dépasse celui des échéances électorales. » Une initiative encourageante pour l’avenir de ceux qui feront la politique de demain.

« Ils disent que tout va s’effondrer, qu’on va y passer dans 3 °C. J’pensais que la science allait nous sauver mais j’ai de moins en moins confiance au progrès », rappe même le chanteur Orelsan dans sa chanson *Civilisation*[2]. Aveuglés par la science et nos nombreux succès technologiques, beaucoup pensent encore que nous allons être sauvés par notre ingéniosité et notre débrouillardise scientifique dans quelques années. Sur un ton volontairement provocateur mais intellectuellement fondé, Jean-Marc Jancovici, le fondateur du cabinet Carbone 4, rejette l’idée que la croissance puisse être la solution : « Il nous faudrait un Covid tous les ans. » La récession économique et la baisse des émissions de gaz à effet de serre constituent

1. Tribune, « Nous, élèves de la haute fonction publique, demandons à être formés à la transition écologique », *Le Monde*, 21 juin 2021.

2. Orelsan, *Civilisation*, Wagram Music.

selon lui les conditions pour respecter l'accord de Paris sur le climat[1]. C'est ce que reproche d'ailleurs Nicolas Hulot aux politiques qu'il a croisés toute sa carrière. « Il y a ce petit espoir que demain, on va se réveiller avec quelque chose qui va nous permettre de rerégler la machine climatique. Je me souviens d'Yves Coppens, le père de Lucy (le premier squelette relativement complet d'australopithèque trouvé en 1974), qui, un jour, avait fait une tribune dans *Le Monde*, en disant : ne vous inquiétez pas, "si à cause de l'accumulation des gaz à effet de serre, la température sur Terre s'élève, avec notre puissance nucléaire, on pourra changer l'inclinaison de l'axe de rotation de la Terre et réparer tout ça". C'était il y a longtemps mais il l'avait écrit et je persiste à dire qu'il y a encore ce petit soupçon. L'avenir est une promesse à laquelle on croit en permanence[2]. »

Si plus personne ne parle aujourd'hui de changer l'axe de rotation de la Terre, il subsiste toujours cet espoir de trouver une solution technologique. Le ministre de l'Écologie se retrouve souvent bien seul face à des commerciaux qui promettent monts et merveilles. Quelques entreprises innovent en ce moment sur ces problématiques mais elles cherchent plus à guérir qu'à prévenir. Jusqu'à parfois servir de cache-misère dans certains cas. L'innovation qui nous sauvera tous (ou pas) a déjà

1. Jean-Marc Jancovici sur Europe 1, 17 mai 2020.

2. Nicolas Hulot lors de sa conférence à Polytechnique en janvier 2020.

un nom : la géo-ingénierie. Cette discipline qui rassemble une série d'innovations cherche à contrôler les catastrophes planant au-dessus de nos têtes. Et on ne manque pas d'imagination. Pulvérisation de soufre dans l'atmosphère pour réduire le rayonnement solaire à la surface de la Terre, envoi dans l'espace d'écrans pour réduire les rayons du soleil ou encore modification de l'axe de la Terre, comme le prédisait Yves Coppens, tout est bon pour vivre avec le dérèglement climatique. D'autres se disent qu'il serait plus prudent de prendre une assurance contre le changement climatique et d'investir dans certaines innovations. Ainsi, depuis 2011, le ministère de l'Écologie prévoit un plan d'adaptation aux pires catastrophes, au cas où… Si la science a déjà tout prévu, pourquoi s'embêter avec les nombreuses contraintes que l'écologie préconise ?

Si la plupart préfèrent détourner le regard lorsqu'on leur parle d'environnement, c'est aussi pour éviter les conséquences des prises de décisions écolos. Il est vrai que rares sont ceux qui acceptent l'installation d'une éolienne en face de chez eux sans broncher. De même pour un tram en construction sous leur fenêtre. C'est ce qu'on appelle le Nimby, acronyme anglais de l'expression « *Not in my BackYard* » qui signifie « pas dans mon arrière-cour ». Tout le monde est d'accord – sur le principe – et soutient le développement de projets d'intérêt général environnementaux (éoliennes, voies ferrées, etc.) mais évitons tout de même que ce soit trop proche de chez moi. Cela pourrait être bruyant ou dévaluer la valeur de mon bien !

À l'inverse, certains refusent des constructions d'aéroport près de chez eux, ou des lignes à haute tension, pour des raisons écologiques ou seulement de confort. Vous êtes-vous déjà demandé pourquoi le périphérique parisien traverse des cités dortoirs à l'est, et est couvert près des beaux quartiers de l'ouest ? Le périphérique change de physionomie selon sa localisation parisienne. Les quartiers populaires n'ont pas demandé d'améliorations de leurs conditions de vie mais les riches Parisiens se sont mobilisés pour faire couvrir cette route. Si l'on en a les moyens, on trouve toujours le temps de se battre contre la pollution. Mais les mesures restrictives de l'écologie font toujours grincer des dents les électeurs.

Dans une politique à court terme, un gouvernement n'a pas d'intérêt à imposer des mesures qui feront râler ses électeurs. La priorité : faire baisser la dette et le taux de chômage d'ici la fin du quinquennat, pour être réélu.

« La pression du court terme sur les dirigeants, sur le Premier ministre, est si forte, qu'elle préempte les enjeux des moyen et long termes. C'est la vérité[1] », résume Nicolas Hulot à Léa Salamé, quelques minutes avant d'annoncer sa démission.

Différentes réactions peuvent entrer en ligne de compte : le déni, la difficulté à appréhender un danger parfois abstrait, l'inertie des habitudes et l'exposition sélective à l'information, l'optimisme comparatif (les conséquences de telle ou telle

1. Nicolas Hulot sur France Inter, 28 août 2018.

atteinte à l'environnement seront pires pour les autres que pour moi). Même si l'écologie s'affiche comme une priorité, elle n'est pas considérée comme une nécessité.

Le ministre de l'Écologie pâtit de cette situation. Les enjeux sont parfois opposés entre différents ministères. À la question : « Qu'est-ce qu'un ministre de l'Environnement ? », Corinne Lepage répond : « Un gêneur, un empêcheur de polluer en rond. Il dérange tout le monde : les hommes politiques, l'administration, les industriels. Il empiète sur des territoires âprement défendus : les Transports, l'Urbanisme, l'Agriculture, l'Industrie, la Consommation, la Santé, les Affaires étrangères – et même l'avenir de l'humanité[1] ! »

Ministères de l'Éducation nationale, des Armées, du Travail, de la Justice, de la Culture… Quels sont leurs points communs ? Ces derniers fonctionnent par secteurs, ils ont des domaines d'intervention clairs et délimités. Ce n'est pas le cas pour l'Écologie qui est transversale. Le ministre peut, un matin, travailler sur des dépôts d'algues vertes en Bretagne causés par l'agriculture intensive et prendre une pause déjeuner avec le commissaire européen chargé de l'environnement, de passage à Paris. Il doit jongler entre le rejet d'azote breton et les nouveaux objectifs communautaires de réduction des émissions de gaz à effet de serre. Tout cela bien entendu en anglais. Qui dit travailler sur plusieurs terrains

1. Corinne Lepage, *On ne peut rien faire, Madame le Ministre…*, Paris, *op. cit.*

dit aussi devoir convaincre ses confrères ministres impliqués dans ses tentatives de prises de décisions.

Pour certains départements ministériels, le rapport de force est constant. Agriculture, Transport, Industrie et Économie font partie des grands ennemis du ministère de l'Écologie. Non seulement puissants, ils prennent de nombreuses décisions qui vont à l'opposé des aspirations environnementales. Une ancienne ministre, Corinne Lepage, s'amuse même à les appeler « les ministères clientélistes[1] ».

Et l'ennemi juré de l'Écologie n'est autre que Bercy, c'est-à-dire le ministère de l'Économie, et ce, dans tous les gouvernements, de droite comme de gauche et à toutes les époques. « Même sur des trucs qui relèvent de l'environnement, de l'écologie comme les taxes environnementales ou des règlements (mais qui coûtent à l'État quand même), c'est Bercy qui tranche. Ils sont très forts[2] », affirme Yves Cochet, ministre de l'Écologie de Lionel Jospin.

Le ministre de l'Économie décide pour l'Écologie même quand ça ne le concerne pas. « Beaucoup de ministres de l'Écologie sous-estiment la forte influence politique et technique de Bercy. Autrement dit dans les réunions interministérielles, Bercy pèse un peu plus que les autres[3] », affirme Benoît Leguet, directeur général du *think tank* l'Institut de l'économie pour le climat.

1. Entretien avec Corinne Lepage, mars 2021.
2. Entretien avec Yves Cochet, août 2021.
3. Entretien avec Benoît Leguet, mars 2021.

À l'époque de François Hollande, on hésite encore à interdire ou non la fracturation hydraulique qui permet de récupérer le gaz de schiste. Selon les estimations, la France est particulièrement bien dotée de ce gaz. Elle est même assise sur une mine d'or à en croire certains. Après plusieurs tergiversations, le gouvernement décide de l'interdire, non sans laisser les clés dans la serrure de la porte pour éviter de s'enfermer dehors. Le ministre de l'Économie de l'époque, Arnaud Montebourg, donne une interview dans *Le Monde* en 2012, où il déclare : « Le président de la République a condamné la fracture hydraulique destructive de l'environnement mais pas le gaz de schiste en soi[1]. » Autrement dit, si la recherche évolue dans ce sens, aux oubliettes l'écologie. Et si François Hollande finit par annoncer en interview le 14 juillet 2013 qu'il n'y aura pas d'exploration du gaz de schiste en France tant qu'il sera président, son discours n'est pas le même quelques mois plus tard. Lors de la décision du Conseil constitutionnel, du 11 octobre 2013, validant l'interdiction de la fracture hydraulique, il précise que « cette loi prévoit uniquement l'interdiction du gaz de schiste par fracturation hydraulique, elle n'empêche pas la recherche dans d'autres domaines[2] ». Et il ne s'agit pas que d'une supposition puisque

1. « Arnaud Montebourg : le nucléaire n'est pas "abandonné" », *Le Monde*, 17 septembre 2012.

2. « Gaz de schiste : la loi peut aussi évoluer, estime l'avocat de Schuepbach », Actu-environnement.com, 14 octobre 2013.

le 11 février 2014, la presse rapporte les paroles du président français en voyage officiel aux États-Unis dans une rencontre au siège de la chambre de commerce américaine à Washington : « Nous réfléchissons à chercher des technologies autres que la fracturation hydraulique pour l'exploration des gaz de schiste en France[1]. »

Les ONG ont d'ailleurs toutes très bien compris l'emprise que pouvait avoir le ministère de l'Économie : « Le ministre de l'Écologie a très peu de pouvoir. Si le projet de loi n'est pas à la hauteur, c'est que les arbitrages ont été perdus et que Bercy a plus d'influence[2] », affirme Morgane Piederriere de FNE qui traite régulièrement avec le ministère.

Le successeur de Nicolas Hulot, François de Rugy, raconte avoir failli se faire berner par un piège tendu par deux ministres en même temps : « À peine nommé, je suis pris à part par Bruno Le Maire et Gérald Darmanin, alors respectivement ministre de l'Économie, des Finances et de la Relance, et ministre de l'Action et des Comptes publics. : « Avec ton prédécesseur, nous avions un accord : lorsqu'il y a une mesure fiscale qui relève de la fiscalité écologique, c'est le ministre de l'Écologie qui la présente… et qui monte au front pour la défendre. Et justement, dans le projet de budget pour 2019, il y a une mesure écologique, c'est l'alignement des taxes sur le GNR [gazole non routier] par rapport à

1. « Gaz de schiste : Hollande réfléchit à d'autres techniques d'exploration », BFMTV, 12 février 2014.

2. Entretien avec Morgane Piederriere, mars 2021.

celles du gazole des automobilistes. […] Flairant le piège politique que mes deux collègues me tendent l'air de rien, entre deux portes, je réponds tout de go que je n'ai jamais entendu un tel accord entre nos ministères respectifs et que, en l'occurrence, je veux bien défendre ce qui relève de la fiscalité écologique mais pas assumer les astuces de Bercy pour boucher les trous dans le budget… Ayant été à la commission de finances de l'Assemblée entre 2007 et 2012, je connais ces ficelles. Et cette hausse des taxes sur le GNR n'a rien à voir avec la fiscalité écologique mais tout à voir avec la recherche de recettes nouvelles[1]. »

Seul moyen pour ne pas se faire avoir : connaître ses dossiers par cœur et se battre coûte que coûte selon Léo Cohen, qui a travaillé aux côtés de François de Rugy comme conseiller spécial. « Si on n'a pas des convictions chevillées au corps, une connaissance pointue des sujets et une expertise sur l'écosystème de l'écologie au sens large, on est mort. »

En plus de l'économie, parmi les ministres qui jouent souvent à rebours de l'Écologie se trouve celui de l'Agriculture. Des relations même qualifiées de « guéguerre agriculture-écologie[2] » par le député écologiste Matthieu Orphelin.

Dernièrement, la grande bataille qui a opposé les deux ministres est celle des pesticides : les

---

1. François de Rugy, *Du pouvoir, des homards… mais surtout de l'écologie !*, *op. cit.*

2. Entretien avec Matthieu Orphelin, août 2021.

néonicotinoïdes. Aussi connus sous le nom de « tueurs d'abeilles », ils sont tristement célèbres pour être les plus toxiques pour la santé des abeilles. Interdit en 2018, un arrêté a autorisé temporairement leur utilisation pour plusieurs mois au minimum. La raison de ce choix vivement critiqué par les écologistes : la crise de la betterave en France. Eh oui, le légume pourpre génère 46 000 emplois directs et concerne 25 000 agriculteurs. En 2020, la récolte de betteraves à sucre a chuté de 30 % par rapport à la moyenne des dernières années, tombant au plus bas depuis plus de 30 ans après l'invasion d'un puceron vert causant la jaunisse de la plante. Une réintroduction partielle vue comme une trahison et un retour en arrière qui a marqué le passage de Barbara Pompili au ministère de l'Écologie mais également de Julien Denormandie, ministre de l'Agriculture qui a joué un rôle dans cette autorisation.

« L'histoire des néonicotinoïdes est un truc de fou furieux. Le pouvoir est à l'Élysée, un peu à Matignon, un peu à Bercy et pratiquement pas boulevard Saint-Germain [où se trouve le ministère de l'Écologie][1] », affirme, hors d'elle, Corinne Lepage qui a suivi de près l'histoire, en bonne avocate. Léo Cohen, ancien conseiller spécial de François de Rugy, défend bec et ongles Barbara Pompili qui la trouve injustement traînée dans la boue. « C'est révélateur de la manière dont on perçoit l'action écologique en France. Les producteurs

1. Entretien avec Corinne Lepage, mars 2021.

n'ont pas fait le job entre 2018 et 2020 pour trouver des alternatives aux néonicotinoïdes. Résultat, en 2020, les betteraviers se trouvent avec un phénomène de jaunisse qui peut concerner 30 à 40 % de leur récolte, pas seulement pour l'année qui vient mais aussi pour l'année d'après. En face de vous, vous avez des gens dont c'est le métier. Bref, vous avez là quelqu'un que vous pouvez assimiler à un représentant d'intérêts ou appartenant à un intérêt privé mais qui en réalité est aux prises avec des difficultés sociales, personnelles et économiques[1]. » Il arrive même que les agriculteurs se déplacent devant le ministère de l'Écologie pour exprimer leur mécontentement. Ils protestent contre la politique environnementale du gouvernement, qui, selon eux, augmente leurs coûts et les rend moins compétitifs par rapport à leurs homologues européens. Pour le ministre de l'Agriculture, Julien Denormandie, il était évident qu'il fallait aider nos producteurs pour éviter d'en venir à des importations, aussi polluantes, et perdre ainsi notre indépendance : « Si l'écologie de l'injonction consiste à tuer des filières et à se ficher de ce qui se passe loin des yeux, alors cette écologie, je la combats. Il faut cesser d'opposer l'agriculture et l'écologie[2]. » Mais peut-être que l'agriculture n'a pas forcément à être corrélée à la destruction des sols et de l'écosystème ?

1. Entretien avec Léo Cohen, avril 2021.

2. « Le ministre de l'Agriculture se dresse "contre l'écologie de l'injonction" », *Les Échos*, 22 décembre 2020.

Barbara Pompili, qui cache son amertume lorsqu'on aborde le sujet, tente d'assumer : « Ce n'est pas un plaisir mais je suis dans le pragmatisme et dans la volonté d'avancer. Je n'ai pas le temps d'avoir des états d'âme sur ces sujets-là. Il y avait ce problème sur la filière sucrière, qui risquait de mourir parce que le travail n'avait pas été fait correctement pour trouver des alternatives. Il y a eu des manquements, c'est certain. Mais on se retrouve face aux conséquences. On prend des décisions sur une dérogation extrêmement encadrée, qui va se prendre au cas par cas, année après année, sur trois années maximum, sur une toute petite partie des néonicotinoïdes. Donc, non, ce n'est pas agréable mais à un moment, je ne suis pas là pour faire de la psychothérapie. Je suis là pour agir et j'aurais préféré ne pas avoir à faire ça[1]. »

L'incompréhension entre les mondes agricole et écologique ne date pas d'hier. En 1998, Dominique Voynet, alors ministre de l'Écologie, est attaquée. Son bureau ministériel est jonché de terre, ses dossiers, éventrés, ses collaborateurs, enfarinés et les chaises de son bureau, renversées. Le matériel informatique a subi de nombreux dégâts. Derrière cette altercation se cache une soixantaine d'agriculteurs et céréaliers de la Beauce, en colère contre un projet de la politique agricole commune (PAC). Voynet en veut à son Premier ministre, Lionel Jospin. Selon elle, lui et ses services de renseignements ne pouvaient pas ne pas savoir : « J'étais un petit soldat qui

1. Entretien avec Barbara Pompili, décembre 2021.

affronte en première ligne un pack bien soudé de gens goguenards, protégés par un mur inébranlable de certitudes. Comprenez que le petit soldat puisse avoir envie par moments de déserter le champ de bataille pour aller reprendre des forces à l'arrière[1]. »

Certains sujets échappent totalement au ministère de l'Écologie. C'est le cas du nucléaire, bien qu'il soit normalement affilié à la transition énergétique.

Yves Cochet, ministre de l'Écologie sous Jacques Chirac en 2001, se souvient : lors d'un entretien en prévision de son entrée au gouvernement, Lionel Jospin le prévient qu'il ne devra pas s'attarder sur le nucléaire, sujet déjà explosif à l'époque. Et rien n'a changé avec le temps. De 2014 à 2017, Ségolène Royal, alors ministre de l'Écologie, et Nicolas Hulot évitaient le plus souvent possible le sujet. Jean-François Julliard, le directeur général de Greenpeace, raconte : « Philippe Martin [ministre de l'Écologie sous François Hollande] nous avait même pris un peu de court. Quand on est arrivés, il nous a dit : "Je sais que Greenpeace veut parler du nucléaire mais vous l'avez bien compris, je n'ai pas la main là-dessus[2]." » Si les ministres acceptent de ne pas toucher au nucléaire et de ne jamais en parler, le poste est à eux. Même si certains n'ont pas accepté délibérément un tel accord et se sont rendu compte de la mascarade un peu trop tard. « On

1. Arthur Nazaret, *Une histoire de l'écologie politique*, Paris, La Tengo, 2019.

2. Entretien avec Jean-François Julliard, mars 2021.

a bien senti avec tous les ministres qu'ils étaient complètement impuissants, poursuit Jean-François Julliard. Pour Hulot, par exemple, ce n'était pas aussi franc que ça. À chaque fois qu'on lui en parlait, il nous disait à quel point ça lui échappait et que le gouvernement en discutait sans lui. Quelque part, on le forçait à soutenir des positions qui n'étaient pas les siennes. »

Ces relations isolent très rapidement. « Le ministère de l'Environnement se vivait comme une forteresse assiégée, avec des relations très conflictuelles avec tous les autres ministères et un tas de parties prenantes », m'affirme l'ancienne ministre Nathalie Kosciusko-Morizet lors d'un entretien qu'elle m'accorde depuis New York[1].

Quelques jours après l'arrivée d'un ministre sont entamés des pourparlers au sujet des décrets d'attribution. Derrière ce nom, inconnu du grand public, se cache l'un des moments les plus stratégiques pour un ministre. Lors de son arrivée au gouvernement, il doit convaincre ses confrères pour obtenir les compétences liées à son poste. D'un ministre à un autre, elles peuvent complètement changer. C'est ainsi que la mer et la pêche ont quitté plusieurs fois le ministère de l'Écologie pour revenir à celui de l'Agriculture. Tout est une question de négociation. Il est important de le faire dès son arrivée. Compliqué de proposer une réglementation autour de la pêche si on n'a pas réussi à obtenir son attribution…

1. Entretien avec Nathalie Kosciusko-Morizet, avril 2021.

Lors de l'arrivée d'un nouveau président de la République, ce dernier et son Premier ministre déterminent les arbitrages lors de l'élaboration du gouvernement. « Il ne faut surtout pas se les faire piquer ![1] » raconte Yves Cochet, ancien ministre de l'Écologie. Le ministre peut donc accepter docilement ces arbitrages ou au contraire tenter de renverser les choses et faire valoir ses désirs. Il lui reste à convaincre, ce qui n'est pas couru d'avance. Tout dépend du poids et du contrôle qu'exerce le président de la République sur ses ministres. Si un accord est passé entre deux ministres pour s'échanger une compétence, les décrets d'attribution doivent être signés par le président, le Premier ministre et les ministres concernés. Il ne s'agit pas d'une partie de plaisir mais lorsque l'on connaît les difficultés que rencontre le ministre de l'Écologie, il est crucial d'avoir un périmètre suffisamment important pour avoir une force de frappe et ne pas se sentir complètement isolé face à d'autres ministères qui, bien souvent, ne bougent pas le petit doigt pour soutenir certains projets. Mais c'est encore plus dur lorsqu'on arrive en cours de route pour négocier, lors d'un remaniement. Les équipes sont déjà en place et beaucoup de projets, déjà bien avancés. Le lendemain de son arrivée, François de Rugy, pourtant si volontariste dans son discours de passation, s'avoue déjà vaincu. Attablé à un café proche de l'Assemblée nationale, il se confie : « Quand il ne reste plus qu'un an, qu'on n'a pas pu

1. Entretien avec Yves Cochet, août 2021.

avoir de discussion politique, il ne faut pas se raconter d'histoires, on n'a rien pu négocier[1]. »

Les décrets d'attribution représentent un tableau de chasse – de quoi hérisser le poil des écolos. Le ministre se bat pour chapeauter les directions générales les plus puissantes, autant d'établissements publics que possible qui lui permettront de peser dans l'équipe. Régulièrement, le ministère de l'Écologie et de l'Agriculture se bagarrent pour obtenir l'arbitrage de certains établissements. C'est le cas de l'ONF, l'Office national des forêts publiques, qui oscille régulièrement entre les deux institutions. Ce sont les décrets d'attribution qui ont bâti le grand ministère Borloo.

Ces batailles sont silencieuses, aucune réunion officielle n'est organisée pour débattre. Mais les repas sur le pouce et pauses café dans les couloirs, entre directeurs de cabinet et ministres, permettent de tâter le terrain et forcer une entente. Il s'agit aussi de gagner la confiance du chef du gouvernement. Brice Lalonde, arrivé au ministère en 1991 sous François Mitterrand, avec peu de connaissance du fonctionnement ministériel se souvient : « Comme j'étais auprès du Premier ministre, j'étais assez protégé, et je pouvais regarder tout ce qui se passait. J'ai passé quatre ans à essayer d'augmenter le périmètre tout le temps[2]. »

Nathalie Kosciusko-Morizet, ministre de l'Écologie, du Développement durable, des Transports et du

1. Arthur Nazaret, *Une histoire de l'écologie politique*, *op. cit.*
2. Entretien avec Brice Lalonde, août 2021.

Logement de 2010 à 2012 sous Nicolas Sarkozy, a pris le temps d'analyser ces petits copinages politiques. Secrétaire d'État de ce même ministère juste avant d'en avoir la charge, elle comprend rapidement que les enjeux ne se jouent pas lors de sa nomination mais bien après. « Les gens n'entendent qu'un titre, "machin est nommé ministre de ceci ou cela" et pensent qu'en fonction du titre, c'est plus ou moins vaste. La vérité est que ce n'est pas le titre qui détermine votre champ d'action et votre pouvoir, c'est le décret d'attribution. Quand vous êtes à l'Écologie, est-ce que vous allez avoir la mer ? La chasse ? Le ministère de l'Agriculture essaye toujours de récupérer la chasse. Et en matière d'énergie, est-ce que vous allez avoir les énergies renouvelables ou est-ce qu'ils vont les laisser à Bercy ? La biodiversité, vous l'aurez, personne ne va vous la disputer. Mais vous avez plein de sujets qui sont tous à l'interface avec d'autres champs ministériels. Ceux-là, il faut faire attention parce que c'est important si vous voulez vraiment développer une politique transversale[1]. »

Si le ministre refuse le jeu de ces alliances politiques, il sera plus isolé. Brice Lalonde, ancien ministre de l'Écologie, prône un ministère fort avec un large champ de travail : « L'environnement seul, ce n'est pas possible, ça ne peut pas être les écolos aux petites fleurs et aux petits oiseaux[2]. » Visuellement, ces décrets d'attribution se présentent

1. Entretien avec Nathalie Kosciusko-Morizet, avril 2021.
2. Arthur Nazaret, *Une histoire de l'écologie politique*, *op. cit.*

comme de longs articles, mis en ligne et accessibles au grand public, dans lesquels l'étendue du pouvoir du ministre est énoncée. Exemple : « Il assure : la police et la gestion de la chasse et de la pêche en eau douce, la protection, la police et la gestion des eaux… » Les attributions sont longues et fastidieuses à lire mais incontournables pour un ministre qui espère faire bouger les choses.

Très rapidement, on peut comprendre quel ministre va se faire avoir par les décrets d'attribution. Le manque d'expérience peut parfois être fatal. « Les premiers jours, vous avez beaucoup de ministres qui se battent pour l'immobilier et pour savoir ce qu'ils vont avoir comme hôtel particulier, raconte Nathalie Kosciusko-Morizet sans la moindre ironie. Ils ne se battent pas sur les décrets d'attribution car ils ne savent pas alors que c'est ça qui compte vraiment. » Une fois les premiers débats passés, il convient de les réunir autour d'une table pour acter ces prises de décision lors d'une RIM (réunion interministérielle).

Les RIM sont convoquées au niveau du Premier ministre et de ses conseillers lorsqu'une question dépasse le cadre strict d'un ministère. Si une question voit s'opposer deux services d'un même ministère, il n'y a pas de débat. Le ministre tranche sur son périmètre. Il est le seigneur en son domaine. La RIM, est donc le passage obligé lorsqu'une question reste sans réponse, entendons sans position commune entre ministres. S'il y a un doute, les ministres tentent déjà un accord à l'amiable directement entre eux, au besoin avec les directeurs de cabinet. Ensuite, le travail se fait dans les RIM, où les arbitrages sont rendus par le Premier ministre. En quelque sorte, le roi départage deux seigneurs en désaccord. Tous les dossiers importants sont « rimés » pour être validés. Si un litige subsiste, c'est le Premier ministre qui tranche. Et une nouvelle fois, le ministère de l'Économie a bien souvent plus de poids que l'Écologie. FNE, résume : « C'est Matignon qui arbitre et, bien souvent Matignon a tendance à être plus à l'écoute de Bercy que de la transition écologique, qu'importe le rang ministériel. »

On fait souvent rimer Bercy avec austérité. Ce n'est pas toujours le cas. À situation exceptionnelle, moyens exceptionnels. Durant la crise du Covid-19, le consensus était en faveur de la dépense budgétaire. Pour autant, la dépense sert parfois d'argument commode : Mathieu Orphelin, d'abord député LREM avant de quitter ce groupe, aujourd'hui écologiste, s'en étouffe : « C'est trop simple de dire que ce sont toujours des arbitrages budgétaires. Non, ce sont des arbitrages politiques. J'ai eu des échanges avec Macron au début de la crise du Covid. Je dis : “Quand même, on ne va pas claquer 30 milliards sans aucune éco-conditionnalité ?” Il me dit : “J'assume.” Je sauve et on transformera plus tard. C'est trop simple d'incriminer toujours Bercy. Il peut s'agir aussi d'un manque de volonté politique. »

Le ministère peine à remporter la mise. À tel point que des ONG comme Greenpeace s'estiment chanceuses de voir certaines mesures écolo passer de temps en temps : « On a une flopée d'exemples... Les ministres de la transition écologique nous disent qu'au cours de ces fameuses réunions interministérielles, ils ont perdu les arbitrages les uns après les autres. Alors, quand une mesure est un peu émoussée, un peu minimisée, mais qu'elle est encore là, on s'estime heureux[1] » raconte le directeur général de l'organisation.

Du côté des troupes écologistes, le découragement guette. Conseiller spécial d'un ministre de l'Écologie, Léo Cohen en a fait plus d'une fois les frais : « Combien de fois ai-je été heurté, parfois même avec une grande violence, par les réunions interministérielles ? Chaque ministère arrive avec sa partition. Les arguments sur lesquels je m'appuie pour défendre ma ligne, qui sont des arguments dits consensuels, type "rapport du Giec [Groupe d'experts intergouvernemental sur l'évolution du climat]", "objectif 1,5 °C", finalement, ne font pas partie de l'équation, on réalise que ces arguments ne font pas partie de la discussion, qu'on s'autocensure, on s'interdit de les invoquer. Là on se dit : j'ai perdu. »

Au fil des années, ce ministère n'a cessé de changer d'attributions et de noms. Ministère de l'Environnement, de la Qualité de vie, de l'Écologie et du Développement durable, de la Transition écologique et solidaire puis juste de la Transition écologique. Il y a de quoi s'y perdre. Contrairement à ses acolytes, ses pouvoirs changent complètement

1. Entretien avec Brice Lalonde, août 2021.

à chaque nouveau ministre. Il faut donc repartir de zéro chaque fois.

S'il est seul face à ses propositions, le ministre peut, normalement, compter sur son cabinet. Ce dernier n'échappe pas à la malédiction qui colle à la peau de l'institution. Delphine Batho, ministre de 2012 à 2013 de François Hollande, garde un souvenir amer de son équipe moquée à Matignon devant la brigade du Premier ministre. Elle voulait faire barrage à un permis d'exploitation aurifère dans un parc naturel en Guyane. En effet, l'extraction de l'or est particulièrement polluante à cause de son utilisation du cyanure. « Mon équipe m'a raconté s'être retrouvée dans cette réunion seule contre tous, et avoir pleuré de dégoût en sortant[1]. » Contrairement à ce que pourraient penser les Français, les ministres ne marchent pas ensemble en rythme.

Le budget du ministère de l'Écologie n'est pas reluisant. Souvent présenté comme priorité de tous les gouvernements, ce ministère fait partie des moins bien lotis. En 2021, l'Écologie disposait de 41 milliards de crédits, soit 11 % des budgets alloués aux ministères, bien loin derrière le ministère de l'Économie et des Finances à 23 %, l'Éducation nationale à 20 % et la Défense à 13 %. Et parmi les 11 % de l'Écologie, peu reviennent vraiment dans le portefeuille du ministère. Pour la moitié, ce sont des aides au logement reconduites. 1/5 des aides aux

1. Delphine Batho, *Insoumise, op. cit.*

énergéticiens et 1/10 des régimes sociaux et de retraite des transports terrestres.

Bien qu'il ne soit pas le seul à être touché, ce ministère est presque toujours concerné par des coupes budgétaires. Suppressions de postes ou encore diminution d'aides font régulièrement partie du quotidien du ministre. Les raisons évoquées pour expliquer ces baisses viennent généralement d'un manque de moyens mais surtout d'une critique d'un ministère jugé trop dépensier.

Et gare à celui qui se plaindra de son budget, sous peine de renvoi immédiat. C'est ce qui est arrivé à Delphine Batho ministre en 2013. Son tort : avoir osé critiquer son budget de l'année suivante, qui prévoyait 14 milliards d'économie, sur RTL. « C'est un mauvais budget. Il y a un affichage qui n'est pas bon. L'écologie est-elle bien une priorité ? Est-ce qu'on a la capacité de passer du discours aux actes[1] ? » se demande-t-elle en direct à la radio. Une autocritique qui arrive quelques mois après une déclaration fracassante de François Hollande, lors de la conférence environnementale, où il promet de faire de la France « la nation de l'excellence environnementale ». Alors, évidemment, ce commentaire n'est pas du goût de tout le monde. Quelques minutes après son interview, elle reçoit par texto un message du Premier ministre, Jean-Marc Ayrault :

1. Delphine Batho, ministre de l'Écologie de 2012 à 2013, sur RTL le 2 juillet 2013.

« Tes déclarations sont inadmissibles, je te demande de rectifier. »

Convoquée à Matignon, elle s'entend expliquer par le Premier ministre qu'elle doit se contenter des apparences et se taire. Elle refuse. Le soir même à 18 heures, un communiqué lapidaire met fin à ses fonctions. Elle sera restée ministre 1 an, 1 mois et 17 jours exactement.

Plus tard, Delphine Batho racontera qu'elle a très vite compris que son avenir en politique ne reposait pas sur ses actions, mais sur sa fidélité au président. Le 20 juin 2013, elle est en déplacement avec Manuel Valls et François Hollande à Tarbes. Dans l'avion, « le président de la République glisse à un moment, amusé et sérieux à la fois : "Je connais déjà le nom de vos successeurs, vous savez." J'ai répondu : "Je n'en doute pas[1]" », raconte Delphine Batho.

Un ministre libre de ses choix ? Comme pour un employé avec son patron, tout dépend de plusieurs facteurs. L'employé est-il bon élève ou non ? Accepte-t-il toutes les demandes de compromis ou, au contraire, est-il intransigeant ? Le patron accepte-t-il la critique ou souhaite-t-il des petits soldats corvéables à merci ? À la fin, le ministre reste pris dans une relation de subordination. Le chef de l'État doit souhaiter une politique environnementale. Sans cela, rien ne change.

1. Delphine Batho, *Insoumise, op. cit.*

Les différences de traitement d'un ministre jouent principalement sur ces critères. Si le président trouve son ministre un peu retors, il peut tout à fait le congédier pour excès de zèle. Parfois, faire trop bien son travail n'apporte pas que du bon.

Pour l'ancien ministre de l'Écologie de François Mitterrand, Brice Lalonde, le pouvoir fait oublier le risque d'être congédié. « Il y a une petite discipline à avoir quand vous êtes au gouvernement. Ce qui est difficile, c'est de garder la mesure, de savoir que vous pouvez être viré du jour au lendemain. Il faut garder la tête petite[1]. »

Fait rare, le ministère de l'Écologie a compté presque autant d'hommes que de femmes. Il n'en demeure pas moins que la politique reste un espace dominé par une majorité d'hommes.

En revanche, en interne, le ministère de l'Écologie est le deuxième ministère le moins féminisé, le dernier étant le ministère de la Défense. Il est loin derrière l'Agriculture (près de 60 %) ou l'Enseignement (près de 72 %)[2]. Être une femme à la tête d'un ministère, plutôt masculin, peut bien sûr renforcer l'isolement. Nathalie Kosciusko-Morizet a mis en avant ses études pour s'imposer : « J'étais la première femme à diriger le ministère de l'Équipement. Des ministres de l'Écologie femme, il

1. Entretien avec Brice Lalonde, août 2021.

2. Direction générale de l'administration et de la fonction publique (DGAFP), 2020.

y en avait déjà eu, pas des ministres de l'Équipement. J'avais un bénéfice : j'étais polytechnicienne, d'une famille de polytechniciens. J'avais une relation très fluide avec ces directeurs généraux qui, pour l'immense majorité d'entre eux, sont des polytechniciens. Ça a permis d'équilibrer. Je suis une femme, d'accord, mais je suis ingénieure, polytechnicienne. On pouvait se parler technique[1]. »

Corinne Lepage affirme devoir son arrivée au poste de ministre de l'Écologie en 1995 au fait qu'elle est une femme. « Venant de la société civile et avocate, j'ai probablement été nommée parce que c'était une année où on cherchait beaucoup de femmes pour tendre vers la parité[2]. » Si elle connaissait très bien les dossiers techniques, elle a dû, petit à petit, apprendre le monde politique. « J'étais une bleue de chez bleue sur la partie politique. » Pendant les premiers mois, elle cherche ses marques et analyse le fonctionnement ministériel et étatique. « J'avais beaucoup de handicaps, je n'étais soutenue par personne. Il faut réussir à faire passer ce qu'on veut en étant suffisamment diplomate », assure-t-elle. La ministre apprend à s'imposer et remarque les décisions que prend seule son administration en raison de son manque d'expérience. Pour lui faire gagner du temps, on filtre son courrier. N'importe qui peut écrire au ministre mais il est rare que cela atteigne son bureau. « Rien ne remontait. J'ai exigé de tout voir. Chaque jour, je regardais des centaines

1. Entretien avec Nathalie Kosciusko-Morizet, avril 2021.
2. Entretien avec Corinne Lepage, mars 2021.

de lettres. Si on me signalait deux fois le même problème, je savais qu'il y en avait vraiment un. » À l'époque, le ministère est encore jeune, beaucoup plus petit qu'aujourd'hui. « On avait très peu de moyens mais pour agir, il fallait ma signature. »

L'administration peut être une alliée ou une ennemie. Certains corps, comme les Mines, peuvent parfois se sentir plus compétents qu'un ministre qui ne fait que passer. Les ingénieurs exercent un rôle politique. Ils se sentent plus légitimes car ils doivent leur pouvoir à leurs compétences et aux concours. Un point sur lequel les ministres ne sont pas toujours d'accord. « Si ces ingénieurs servent trop bien le ministère de l'Environnement, notamment dans ces conflits interministériels, ils risquent d'en pâtir par la suite dans le déroulement de leur carrière une fois de retour dans leur ministère d'origine[1] », affirme Brice Lalonde. Delphine Batho, quant à elle, estime qu'il est facile de rejeter la faute sur l'administration : « Je récuse le procès souvent fait aux fonctionnaires du corps des Mines et des Ponts et Chaussée consistant à leur imputer l'essentiel des blocages en matière d'écologie[2]. »

L'écologie a toujours été le parent pauvre de l'action publique. Ce qui pouvait être la force de ce ministère, sa transversalité, est devenue sa plus grande faiblesse. Un sujet est rarement de sa compétence exclusive. Même si le ministère de l'Écologie est aujourd'hui dans un rapport de force inégal avec

1. Brice Lalonde, *L'Écologie en bleu,* Paris, L'Archipel, 2001.
2. Delphine Batho, *Insoumise, op. cit.*

d'autres, plus puissants. Mélanger le ministère à d'autres risque de diluer encore davantage l'impératif écolo dans un conglomérat d'intérêts contradictoires.

Être ministre de l'Écologie, c'est traiter d'une myriade de sujets différents, en interconnexion forte les uns avec les autres et potentiellement conflictuels avec les collègues au gouvernement, les industriels et même les citoyens. C'est être constamment entouré mais plongé dans une saturation d'information qui dépossède le ministre. Comme le raconte Nicolas Hulot en 2017 : « La mue que j'opère n'est pas celle d'une chenille qui se transforme en papillon. Elle est brutale. À l'instant où vous êtes nommé ministre, vous êtes happé comme dans un fleuve en crue. Garder la tête froide et le regard sur l'horizon est difficile tant vous êtes en permanence plongé dans un tas de petites choses pas forcément utiles. Ce qui est effrayant quand on passe de l'autre côté, c'est que je passe mon temps à dire : "Mais laissez-moi réfléchir un peu[1] !" »

Comment éviter ce risque de dépossession ? De fermeture sur soi-même ? Une carte peut consister à former un groupe de fidèles au Parlement. S'en passer, c'est risquer de brandir une démission sans poids. Le député François-Michel Lambert se souvient : « Depuis juin 2017, je le dis : [Nicolas Hulot] ne tiendra pas s'il est seul. Qui a refusé la création d'un groupe allié de la majorité et portant les valeurs écologistes ? À part Matthieu Orphelin, Barbara Pompili et deux ou trois autres, dont moi,

1. Erwan Bruckert et Olivier Pérou, « Quand Nicolas Hulot s'épanchait », *Le Point*, 2017.

il n'y avait personne, politiquement, derrière lui. On a refusé de lui donner des alliés. C'est notre échec collectif. ». Mais, le Parlement n'est pas une tranquille assemblée d'écolos prêts à venir en aide au ministre de l'Écologie.

3.

Noyé dans la marmite parlementaire

« Lorsque j'ai voulu faire une loi, on a essayé d'éviter qu'elle puisse contenir quoi que ce soit de concret. Une loi, d'accord, mais une loi virtuelle. »

Corinne Lepage,
ancienne ministre de l'Écologie[1]

1. Corinne Lepage, *On ne peut rien faire Madame la ministre*, *op. cit.*

En France, il ne suffit pas d'un coup de baguette magique pour faire passer une loi. Le processus est long et fastidieux. Il faut du courage, de la patience et du soutien pour ne pas s'écrouler avant un vote, ou abandonner un projet. Plus l'enjeu est gros, compliqué et clivant, plus le chemin est semé d'embûches. Il aura fallu trois ans et quatre ministres différents pour faire définitivement adopter la loi de transition énergétique qui vise une réduction de 40 % des émissions de gaz à effet de serre d'ici à 2030. Trois longues années d'attente et de discussion, faute d'intérêt ou de sentiment d'urgence, pour une loi que Delphine Batho qualifie de simple « affichage ».

Le ministre doit savoir dialoguer et travailler avec les membres du Parlement. On y parle fort, on négocie, on s'engage. Bref, on mouille le maillot. Pour le commun des mortels, il y a les députés de l'Assemblée nationale qui se hurlent dessus et le Sénat, plutôt vieillissant, où l'on entend les mouches voler. Si l'on s'en tient aux quelques extraits qui passent à la télévision, il est difficile de comprendre l'importance et le poids du Parlement sur les prises de décision et avancées environnementales.

L'Assemblée nationale et le Sénat forment le Parlement qui adopte ou rejette des textes de loi. 577 députés siègent au Palais-Bourbon et 348 sénateurs sont, quant à eux, au palais du Luxembourg. Cette fourmilière œuvre à la rédaction et au vote des lois. Plusieurs milliers de collaborateurs, parlementaires et fonctionnaires gravitent autour des élus. L'équivalent des ouvrières qui portent entre leurs pattes les précieux trésors récoltés au fil de la journée – sauf qu'il s'agit ici d'épais dossiers, d'amendements remportés au nez et à la barbe du gouvernement et de discours enflammés.

Mais personne ne peut arriver à l'accueil de l'Assemblée nationale, au 126 rue de l'Université – le « 126 » pour les intimes – et s'exclamer : « J'ai une idée de loi, je veux en débattre ! » Pour en proposer une, il faut être membre du gouvernement, député ou sénateur. Lorsque c'est le cas, on rédige un projet (pour le gouvernement, ou PJL), une proposition (pour les parlementaires, ou PPL) de loi. Il ne faut pas se leurrer. Depuis la constitution de 1958, le gouvernement tient le haut du pavé. Comme le rappelle Yves Cochet, ministre de l'Écologie de Lionel Jospin : « Sous la Vᵉ République, c'est l'exécutif qui a tous les pouvoirs, y compris pour les lois. On peut dire que 90 % des lois, c'est le gouvernement qui les fabrique. » Quel que soit le texte, il passe d'abord sous les fourches caudines de la commission permanente parlementaire compétente. Pour les sujets écologiques, la commission du développement durable rassemble 68 députés, chacun spécialisé dans un domaine. Le groupe désigne un rapporteur qui étudie la proposition et rédige un rapport où il donne des indications concernant la loi et propose éventuellement des modifications. Ce sont les amendements.

À partir de ce moment, tout peut prendre un tournant improbable. Une fois la proposition de loi inscrite « à l'ordre du jour », elle peut être examinée en premier par l'Assemblée nationale ou le Sénat. Cela prend des mois, en moyenne 149 jours. Des amendements peuvent aussi être votés pour modifier le texte. Une fois validé, celui-ci passe aux mains de l'autre assemblée qui le décortique et le débat. S'il est modifié, il doit à nouveau repartir vers la première assemblée pour être examiné. C'est ce que l'on appelle la navette parlementaire, lors de laquelle le texte ne fait qu'aller et venir entre l'Assemblée nationale et le Sénat. Les marathons parlementaires peuvent se terminer tard dans la nuit, et dans la douleur. Pendant que le ministre est prié de rester à la porte, quelques parlementaires se retrouvent autour d'une table pour négocier une virgule, la date d'entrée de telle ou telle disposition de réduction des émissions de gaz à effet de serre ou encore le menu dans les cantines, en vue d'avoir un texte commun aux deux assemblées. Il faut s'armer de patience. La réunion de cette « commission mixte paritaire » pour le projet de loi Climat et résilience a, par exemple, duré 9 heures pour se terminer dans la nuit du 11 au 12 juillet 2021.

Ça, c'est la théorie. En pratique, le Parlement fait figure de boîte noire dont il faut se méfier. La crainte de tout ministre est de faire entrer un projet de loi d'un côté et de le retrouver défiguré de l'autre. Vous pensez faire ressortir un lapin blanc du chapeau d'un coup de baguette magique. Ce sera finalement un ornithorynque (ce qui serait un moyen de repeupler une espèce menacée).

Le Parlement est traversé de contradictions, de tensions permanentes, voire d'incompréhensions. Un exemple : des membres du groupe Youth for Climate, initié par Greta Thumberg, ont été invités à l'Assemblée nationale en 2019, le même jour que l'adoption du traité de libre-échange entre l'Union européenne et le Canada, dont la quasi-totalité des ONG environnementales s'accordent à dire qu'il constitue une aberration en matière d'émission de gaz à effet de serre. En effet, le transport commercial international, maritime ou aérien, ne peut qu'alimenter la hausse des émissions de CO_2.

Pour l'un de ses membres, « on nous sort des jolis mots, de belles phrases, comme Brune Poirson [secrétaire d'État à la transition écologique de 2017 à 2020] à l'époque, disant que notre combat est fantastique et juste après [les députés] votent quelque chose qui est tout à fait contraire aux paroles qu'on nous a servies avant. On sait que la politique fonctionne comme ça mais là, on l'a constaté pour de vrai ». Poussé dans ce bouillonnement de manœuvres politiques, le ministre se doit d'être stratège.

Il faut compter ses troupes pour occuper le terrain et ne pas se laisser déborder. Il arrive que la propre majorité du ministre s'effrite. Le vote pour la réintroduction partielle des néonicotinoïdes en 2019 a donné des sueurs froides à la ministre de l'Écologie. La majorité était courte. Erwan Balanant, député LREM, a refusé de donner son vote : « J'ai voté contre les néonicotinoïdes. Mais, on a fait ça n'importe comment ! Ce que les gens n'ont pas compris, c'est qu'ils étaient interdits depuis un moment mais qu'il y avait des dérogations jusqu'à cet été. Qu'est-ce qu'on a fait ? Nous avons prolongé les dérogations parce que, pour un certain nombre de personnes, on n'avait pas trouvé de solution. » Il y a autant d'états d'âme, de sensibilités, de principes, de position, que de parlementaires.

Plus qu'aucun autre ministère, celui de l'Écologie traite de sujets extraordinairement variés sur lesquels les opinions sont tranchées. Entrer au Parlement, c'est rencontrer de drôles de personnages. On observe différentes réactions des députés lorsqu'il s'agit d'écologie. À certains, le mot « environnement » leur donne des boutons. Sur la moindre proposition de loi touchant de près ou de loin au sujet, ils lèvent la voix et s'indignent d'une politique liberticide et anti-innovation. Par principe, c'est non ! « Tu peux dire ce que tu veux, sensé, pas sensé. Ça n'imprime pas et tout ce que je sens, c'est la haine pour tout ce qui peut être écolo, de près ou de loin », raconte Benoît Leguet de l'institut de l'Économie pour le climat, un *think tank* conseillant les décideurs publics.

À l'inverse, il existe des députés pour qui ce n'est jamais assez. Jusqu'au-boutistes, utopistes ou écologiquement purs. Ces parlementaires forment bien souvent l'autre front avec lequel il faut composer. À la fois soutien et poil à gratter pour le ministre de l'Écologie, ils râlent, tapent du poing. Ils se sentent l'âme d'un lanceur d'alerte. Le ministre se retrouve au milieu de ces deux extrêmes : assurer aux uns que les mesures écologiques sont modérées, n'auront pas d'impact sur l'emploi et constituent même une opportunité économique, et garantir aux autres qu'elles forment une rupture, une transformation, une révolution verte. Autrement dit, mission impossible. Pendant que le ministre tient ces deux extrêmes à bout de bras, certains députés cherchent à faire des coups politiques, à marquer des points.

Ainsi, ces députés postés en francs-tireurs tentent une percée. C'est le cas de Mathilde Panot, députée de l'opposition à *La France insoumise* : « En tant que députés de l'opposition, on a toujours voté contre les budgets. » Ces députés peuvent aussi en convertir d'autres du bord opposé pour opérer des renversements. Elle raconte : « Au dernier budget, on s'est battus avec une députée de la majorité, avec des gens de tous les bancs pour stopper la baisse des effectifs à l'Office national des forêts. On a gagné ce vote en première lecture. Sauf qu'en deuxième lecture, le gouvernement revient et modifie des choses [...]. Là, les macronistes comprennent qu'ils ont mal voté la première fois. Il faut voter différemment la deuxième fois. À 2 heures du matin, ils demandent pour être sûrs que l'article sera adopté [...]. Finalement, on a gagné puis perdu. »

Offensive, contre-offensive, prises de guerre, les textes du ministre ne font jamais consensus. À la guerre de position succède une guerre de mouvement. Dans les batailles à livrer, il y a également les vigies. Ce sont ces députés qui, sans camper sur des positions extrêmes, vérifient que ce qui a été voté est effectivement mis en place. Ils assurent le SAV.

Car une fois une loi votée, cela ne signifie pas qu'elle va forcément être appliquée. Cas extrême mais significatif : la loi Littoral, promulguée en 1986. Elle poursuit plusieurs objectifs : l'urbanisation, la protection des espaces remarquables ou caractéristiques du littoral. Plus de 10 ans après sa promulgation, Corinne Lepage écrivait, après son passage au ministère de l'Écologie, que « la loi Littoral de 1986 prévoyait un certain nombre de décrets protégeant les estuaires. Ce décret n'est jamais sorti car la rédaction en incombait au ministère de l'Équipement, également chargé des ports, qui y était totalement opposé. Je suis intervenue pour que ce décret sorte ; les services du ministère de l'Environnement l'ont eux-mêmes rédigé et transmis aux services du Premier ministre. Au mois de mai, lorsque je suis partie, le décret n'était toujours pas publié au *Journal officiel* ! Il ne l'est toujours pas au 1er janvier 1998. » Finalement, ce décret sera publié en 2004, soit 18 ans après la promulgation de la loi et 6 ans après la publication de son livre. Quand on disait qu'il fallait être patient… Il faut donc que ces députés qui ont de la suite dans les idées, ne se contentent pas de lever la main pour adopter ou rejeter un texte. Face à l'urgence, aucune hésitation, tergiversation, aucun « jeu de la montre » ne sauraient être tolérés.

C'est le cas de Guillaume Garot, député socialiste et ancien ministre de l'Agroalimentaire sous François Hollande lors de l'interdiction des néonicotinoïdes en 2017. Ce type de député voit dans la loi l'alpha et l'oméga de l'action publique selon l'adage romain : *verba volant, scripta manent* (les paroles s'envolent, les écrits restent). Sur l'interdiction des néonicotinoïdes, Guillaume Garot se souvient de l'opposition entre les ministères de l'Écologie et de l'Agriculture. « Le débat n'a pas porté sur "est-ce toxique ou pas ?". La science a montré qu'il y avait des effets évidents sur les colonies d'abeilles. Le débat, à l'Assemblée en 2015, avec Ségolène Royal et Stéphane Le Foll, portait sur le remplacement de ce produit. [...] Stéphane Le Foll nous disait qu'il n'avait pas d'alternative – discours classique du ministère de l'Agriculture. Ségolène Royal affirmait qu'on n'en avait pas parce qu'on n'en cherchait pas. »[1]

Le Parlement est également une armée de réserve dans laquelle le président de la République pioche selon son bon vouloir. Lorsqu'elle refusait la réduction du budget de son ministère, François Hollande aurait dit à Delphine Batho, alors ministre de l'Écologie : « Si vous ne vous mettez pas d'accord [elle et le Premier ministre Jean-Marc Ayrault], tu sais ce qui se passera. Tu redeviendras députée. Tu seras alors une députée parmi d'autres... Tu sais, il

1. Entretien avec Guillaume Garot, juillet 2021.

y en a beaucoup qui sont prêts à prendre ta place au gouvernement. Y compris parmi ceux qui disent te soutenir[1]. » Delphine Batho ajoute que Philippe Martin lui aurait dit : « Bravo Delphine, tu as raison ! », juste avant de prendre sa place au ministère de l'Écologie…

Certains termes sont comme l'huile et l'eau. En France, le nucléaire et le débat parlementaire ne vont pas ensemble. Fin des années 1990, Corinne Lepage fait déjà ce constat : « La France n'a jamais connu aucun débat sur le nucléaire, hormis pour déterminer la gestion des déchets radioactifs de longue durée […]. Aucun gouvernement n'a jamais saisi le Parlement d'un texte de loi et n'a jamais organisé de débat sur ce sujet tabou. »

Sur le nucléaire comme sur beaucoup d'autres sujets, Greenpeace n'est pas dupe : « La majorité parlementaire LREM, en ce moment, est très fragile sur les enjeux climatiques. Alors on y va. On se glisse dans les failles. On essaie de convaincre les députés de s'emparer de nos propositions. Si on avait une majorité très unie derrière le gouvernement, on n'aurait même pas essayé. Là, on sent qu'il y a possibilité de gagner quelque chose. » L'occasion fait le larron. Si la majorité ne fait pas bloc, le Parlement devient le terrain investi par des forces extérieures.

Les majorités se font et se défont sur tel ou tel article et même la stratégie d'un lobby parmi les plus puissants de France comme celui de la chasse peut

1. Delphine Batho, *Insoumise, op. cit.*

risquer de trébucher dans la dernière ligne droite. Léo Cohen, qui suivait un projet de loi au cabinet de la secrétaire d'État d'alors, Barbara Pompili, en 2016, se souvient particulièrement du vote sur l'interdiction des néonicotinoïdes où l'Écologie a marché main dans la main avec les chasseurs. « On a pu les mobiliser contre un autre groupe d'intérêts, celui de l'agrochimie, car les pesticides avaient un effet sur le petit gibier des chasseurs. » Mais pour remporter une bataille, les votes se jouent parfois à peu de chose comme dans le cas de ces pesticides. Le célèbre judoka David Douillet, chasseur alors député, est parti aux toilettes quelques minutes avant le vote. Résultat : l'interdiction a été adoptée à 2 votes près. C'était moins une.

Si David Douillet était reconnu comme l'une des têtes du lobby de la chasse, il n'est pas seul à être identifié comme proche de représentants d'intérêts. Certains s'en revendiquent même. Corinne Lepage partage sa stupéfaction : « Quand, lors du projet de loi sur l'air, un parlementaire, dans la chaleur d'une intervention, expliquait sa position : "Que voulez-vous, madame Lepage ! Je suis un député X". Il colla à son titre le nom d'une marque d'automobile. Si nous étions au Japon, il m'aurait dit par exemple : "Que voulez-vous, madame Lepage ! Je suis un député Toyota !". Il poursuivit : "J'ai été salarié de cette grande entreprise durant vingt ans, il est normal qu'aujourd'hui je défende ses intérêts" » Les couleurs sont affichées sans aucune honte.

Mais il arrive qu'un projet de loi n'atteigne pas le Parlement, même quand celui-ci a été annoncé par deux ministres dans la presse. Novembre 2020, le projet de loi autour de l'écocide est en cours. Il s'agit de faire de la mise en danger de l'environnement un délit pour prévenir des catastrophes environnementales comme le naufrage du pétrolier *Erika* ou encore Fukushima. L'idée est de pouvoir condamner en amont particuliers et entreprises pour des pratiques dangereuses et polluantes. « On poussait depuis longtemps le délit de mise en danger de l'environnement, me raconte un acteur écologiste. Il y avait une tribune dans le *JDD* d'Éric Dupont-Moretti et Barbara Pompili annonçant "l'écocide". On était super contents. Et puis, la semaine suivante, se succèdent des tribunes du Mouvement des entreprises de France (Medef), différents acteurs économiques. Ces tribunes expliquent qu'avec ce nouveau délit, on va mettre à plat la France, en danger notre compétitivité. J'étais en train de guetter les amendements du gouvernement puisqu'ils avaient été annoncés. [...] Mais le Medef a été voir Bercy, a mis en avant ses arguments sur la compétitivité, les risques pour l'attractivité, etc. C'est remonté à Matignon. L'écocide a été remis en cause dans ces fameuses réunions interministérielles [RIM] et c'est Bercy qui a gagné. Les dispositions ont été supprimées. [...] Vous voyez comment la notion d'écocide est partie d'une interview dans le *JDD*, de deux ministres, avant d'être abandonnée parce qu'entre-temps le Medef est passé par là. Les lobbies les plus puissants peuvent aujourd'hui détricoter une loi qui ne va pas dans leur sens. »

4.

Lobby à tout prix

« La grande force des lobbies ? Ne pas avoir d'adversaires.
Les consommateurs, les malades des voies respiratoire, les associations de défense ne peuvent en effet se faire entendre. »

Corinne Lepage,
ancienne ministre de l'Écologie[1]

1. Corinne Lepage, *On ne peut rien faire, Madame le Ministre…*, *op. cit.*

Ah, le Nutella… Difficile de ne pas l'aimer. Mais nous sommes, aujourd'hui, tous conscients des conséquences de l'utilisation de l'huile de palme dans sa recette. Or, l'industrie agroalimentaire a tout à gagner à la promouvoir. Elle ne coûte pas cher à produire et est appréciée des clients. La marque n'hésite d'ailleurs pas à en faire la promotion et à se justifier à coups de pubs sur le petit écran. « Mais pourquoi utilisons-nous l'huile de palme ? Parce qu'elle est idéale pour obtenir une texture onctueuse et sublimer la saveur des ingrédients qui composent la recette Nutella. Sa grande stabilité dans le temps permet une meilleure conservation du produit », déclare une femme, en blouse blanche « Ferrero », dans le spot publicitaire.

L'huile de palme compte pour environ 20 % de la composition du Nutella. Elle a aussi l'avantage d'être peu onéreuse comparée à ses substituts. Elle coûte environ 600 dollars la tonne, contre plus de 1 000 pour l'huile de tournesol et 5 000 pour l'huile d'olive, sans parler du goût qui serait bien différent. Celle que l'on trouve dans le Nutella provient de palmiers cultivés en Malaisie et en

Papouasie-Nouvelle-Guinée. Elle contribue à la déforestation et à la destruction de l'habitat d'espèces animales comme l'orang-outan. Et pourtant elle a encore une belle place dans de nombreux produits français.

Le ministère de l'Écologie fait partie des institutions les plus ciblées et chouchoutées par les lobbies.

En juin 2015, la ministre de l'Écologie, Ségolène Royal, est invitée sur le plateau TV du *Petit journal* sur Canal +, où elle critique ouvertement la pâte à tartiner. « Il faut arrêter de manger du Nutella par exemple, parce que c'est de l'huile de palme[1]. » Le lendemain, le groupe Ferrero publie un communiqué affirmant être « tout à fait conscient des enjeux environnementaux » tout en ayant « pris de nombreux engagements, notamment en ce qui concerne son approvisionnement en huile de palme ». Ferrero termine en déclarant que le Nutella est désormais fabriqué avec une huile qui a obtenu le label « durable certifié ». Sans préciser que cette certification est donnée par le RSPO (Roundtable on Sustainable Palm Oil), une organisation internationale créée en 2004 dont est membre Ferrero, sans grand intérêt puisque le groupe n'interdit pas la destruction des forêts secondaires. Par opposition à la primaire, la secondaire est une forêt qui a repoussé après avoir été détruite ou exploitée par l'homme. Cette petite polémique est arrivée aux oreilles des politiques italiens. Fiers de leur groupe Ferrero, ils ont volé au secours de leur marque fétiche. Le

1. Ségolène Royal, *Petit journal* (Canal +), 15 juin 2015.

ministre italien de l'Environnement, Gian Luca Galelleti, s'en est mêlé. Il publie sur le réseau social Twitter : « Que Ségolène Royal laisse les produits italiens tranquilles. Ce soir au menu : pain et Nutella. » Les lobbies français s'insurgent à leur tour contre les propos de la ministre. « Supprimer l'huile de palme des produits alimentaires n'est pas la solution, il faut encourager le développement de filières durables », déclare l'Alliance pour une huile de palme durable, dont fait évidemment partie le groupe Ferrero. Un communiqué qui a, depuis, été supprimé…

Il n'aura fallu que 48 heures pour que Ségolène Royal s'excuse publiquement sur Twitter avec une phrase qui pourrait (presque) paraître ironique : « Mille excuses pour la polémique sur le Nutella. D'accord pour mettre en valeur les progrès[1]. » Un beau rétropédalage qui en dit long sur la puissance des lobbies en France. Ce même discours de progrès permet de toujours justifier la pollution et le réchauffement climatique auprès des écolos. Pour éviter de froisser les lobbies des géants de l'industrie agroalimentaire, Ségolène Royal préfère s'excuser sur des paroles qui font pourtant sens de la part d'une ministre de l'Écologie. Lors de mon enquête, j'ai forcément voulu lui laisser une chance de s'expliquer pour raconter l'envers du décor des lobbies. Puisqu'un étudiant en journalisme se targue, durant cette période, auprès de ses professeurs d'avoir pu interviewer Ségolène Royal pour un article non

1. Tweet du 17 juin 2015 à 16 h 31.

publié sur les cétacés, l'ancienne ministre prendra sûrement le temps de répondre à l'auteur d'un livre sur le ministère de l'Écologie. Que nenni. Elle se braque : « Non, non, non et non, je ne veux pas », répète-t-elle au téléphone avant de raccrocher. Le Nutella lui est peut-être resté en travers de la gorge.

L'image du méchant industriel en costard cravate qui tente de corrompre les politiciens colle à la peau de ce métier si mystérieux. Aux oubliettes, cette idée (partiellement) fausse. Les lobbies ont plus de bon sens qu'on ne l'imagine. Ils agissent en connaissance de cause. Si j'interdis les pailles en plastique, je sauve les tortues des océans, mais combien d'usines en France fermeront à la suite de cette interdiction ? Et de personnes au chômage ? Pourra-t-on leur proposer un budget pour leur garantir une formation et leur trouver un nouvel emploi ? Il s'agit là d'une infime partie des questions que se pose un ministre avant chaque prise de décision. Et puisqu'il n'est pas omniscient, il doit rencontrer les acteurs des secteurs concernés par ces choix : les lobbies. Mais il doit veiller à ne pas défendre des intérêts particuliers face à l'intérêt général. L'intérêt d'une usine et de ses employés ne représente ainsi pas celui de tous les Français. Il s'agit de toujours calculer le bénéfice et les pertes. Les lobbies ont cette tendance à heurter la conception française de l'intérêt général. Un ministère fort doit donc savoir écouter les lobbies sans se laisser instrumentaliser. Tous les ministres de l'Écologie estiment leur présence essentielle au bon fonctionnement démocratique lorsque tout est fait

« convenablement ». « Je ne suis pas du tout contre le fait que les forces vives de la nation (industriels, entreprises, etc.) rencontrent le gouvernement. Ce serait anormal que le ministre de l'Industrie ne rencontre pas les industriels, que le ministre de l'Environnement ne rencontre pas les associations, ou même ne rencontre pas les chasseurs ou les agriculteurs. Mais, bien souvent, c'est par le biais de lobbies qui sont très puissants et très techniquement bon[1] », raconte l'ancien ministre Yves Cochet. « Quand je décidais d'une politique pour réduire l'exposition aux pesticides, l'association des chimistes producteurs de pesticides était reçue au ministère. Ils avaient le droit de venir et d'expliquer pourquoi ils n'étaient pas contents[2] », raconte également Nathalie Kosciusko-Morizet. Même son de cloche pour l'ancien ministre de l'Agroalimentaire, Guillaume Garrot : « Il fallait reconnaître le rôle de chacun. Il est indispensable de travailler avec les uns et les autres sinon vous êtes coupé des réalités. Ça vaut au niveau national et local. »

Mais si Ségolène Royal s'est excusée auprès de Ferrero, ce n'est pas pour éviter de se froisser avec le géant italien, mais plutôt avec l'un des plus puissants lobbies de France : Total.

Un ancien ministre nous confirme son influence. En 2019, Total a exercé une grande pression sur le Premier ministre, Édouard Philippe, pour préserver un de ses avantages. En effet, un amendement

1. Entretien avec Yves Cochet, août 2021.
2. Entretien avec Nathalie Kosciusko-Morizet, avril 2021.

prévoyait d'exclure les biocarburants à base d'huile de palme des produits bénéficiant d'une réduction de la taxe générale sur les activités polluantes. Une tentative qui a finalement échoué puisque l'amendement a été adopté par les parlementaires.

Le ministère de l'Écologie présente la particularité d'être en relation avec de puissants lobbies appartenant aussi à la sphère publique, en particulier dans le domaine de l'énergie comme EDF ou encore GDF-Suez (Engie).

Pour François de Rugy, ancien ministre de l'Écologie sous Emmanuel Macron, trois lobbies se démarquent particulièrement. Tout d'abord EDF : « C'est une entreprise qui compte beaucoup de salariés, produit la majorité de l'électricité, mais aussi à laquelle les Français sont attachés. Pour autant, l'intérêt général n'est pas toujours aligné sur l'intérêt d'EDF, et c'est normal. Il faut donc parfois mener des bras de fer, y compris avec une entreprise publique[1]. » Le ministre aborde également le lobby de l'automobile et donne un exemple où il critique directement son propre gouvernement : « Lors des négociations européennes sur les émissions de CO_2 des voitures, mon prédécesseur avait constitué une coalition d'États européens qui s'étaient fixé une baisse de 40 % des émissions de CO_2 d'ici 2030. J'ai pris mes fonctions peu avant un Conseil des ministres européens de l'Environnement qui devait adopter une position sur le sujet. Au même moment

1. « Les trois lobbies selon François de Rugy : EDF, l'automobile, la chasse. Interview », *Reporterre*, 17 janvier 2019.

se tenait le Salon de l'automobile en France, et le président de la République (François Hollande) avait organisé une réunion à l'Élysée avec le lobby de l'automobile. » Mais l'homme affirme avoir tenu le coup. « Les lobbies ne sont pas forcément ceux qui font la loi. » Le mot « forcément » n'aura jamais eu autant d'importance. François de Rugy oublie probablement de préciser cette fois où il a organisé un dîner avec les plus grands lobbyistes du monde de l'énergie, sans convier les membres de son cabinet et en l'effaçant de son agenda public[1].

Quand ils ne sont pas invités directement par un ministre, les lobbyistes les plus virulents organisent des festins : « On est parfois sollicité, pour des déjeuners avec les cabinets qui organisent ces repas. C'est très bien fait. Un dîner, euh… un déjeuner avec le responsable d'un club de réflexion d'industriels, des députés de tout bord, ne me dérange pas. C'est bien d'entendre et de savoir, mais on ne m'a jamais mis de pression[2] », raconte le député Erwan Balanant, un peu mal à l'aise sur cette question.

Les lobbies tentent toujours de garder un œil sur les décisionnaires. Comme dans le cas de Ségolène Royal dont les moindres faits et gestes, décisions et prises de parole sont scrutés par les grands lobbies. Les écarts et les mots plus hauts que les autres impliquent des réactions. Il arrive trop régulièrement que les lobbies influencent non seulement

1. Arnaud Wajdzik, « Les dîners secrets de François de Rugy avec des lobbyistes », *Ouest France*, 12 juillet 2019.

2. Entretien avec Erwan Balanant, avril 2021.

des prises de décision mais aussi des carrières de ministres de l'Écologie. Certains y laissent des plumes, voire leur poste en route.

Ainsi, Nicole Bricq, première ministre de l'Écologie de François Hollande, aura tenu un mois et deux jours.

Mercredi 13 juin 2012. Nicole Bricq profite d'une conférence de presse sur le sommet Rio+20, la conférence des Nations unies sur le développement durable, pour annoncer la suspension de tous les permis de forage exploratoire d'hydrocarbures en France. Sauf qu'une zone française intéresse tout particulièrement Shell : la Guyane. Lors de l'annonce de la ministre, l'industrie pétrolière tombe des nues. Car elle attendait deux arrêtés préfectoraux pour poursuivre l'exploration sur le territoire. Shell prévoit donc l'arrivée sur place d'un navire particulièrement coûteux pour sonder le sous-sol. Chaque jour perdu fait perdre environ un million de dollars au pétrolier. Le lendemain de l'annonce de la ministre, un communiqué vient la contredire. « Conformément au principe de continuité et de respect des engagements de l'État, il n'est pas envisagé de remettre en cause les permis déjà octroyés pour la recherche de pétrole et de gaz conventionnel[1]. » Pour Shell, c'est un feu vert pour son permis de recherche de pétrole conventionnel en Guyane. Pourtant, dans son intervention, Nicole Bricq précisait bien « remettre à plat tous les

1. Communiqué de presse commun des ministres Montebourg et Bricq, 16 juin 2012.

permis » de forage exploratoire, y compris celui de Shell en Guyane, car « la prise en compte de problématiques d'environnement » dans le cadre de ce projet n'était « pas satisfaisante ». Mais quelques jours plus tard, la compagnie pétrolière reçoit les autorisations nécessaires pour lancer sa campagne. Le 18 juin, le gouvernement annonce un remaniement et en profite pour la virer en douceur, à peine un mois après son arrivée, en la rétrogradant au Commerce extérieur.

La décision étonne et choque toutes les ONG. Pour le porte-parole de FNE de l'époque Benoît Hartmann, « il est difficile de ne pas voir l'éviction de Nicole Bricq comme la conséquence possible d'un lobbying efficace mené par l'industrie pétrolière. Il est vrai qu'en période de crise, le chantage à l'emploi est d'une redoutable efficacité[1] ». Et le projet a de quoi booster l'économie, justement. Il réunit Shell, Total et Hardman Petroleum et a été évalué entre 4 et 8 milliards d'euros.

Si cette décision n'a pas été au goût de tout le monde, elle ne manque pas d'audace ou de conviction. Geler les permis de forage pétroliers et réformer le Code minier alors que Shell était en pleine prospection au large de cette région française d'outre-mer envoyait un message aux grands pollueurs. Nicole Bricq souhaitait obtenir davantage de garanties environnementales. L'audace coûte cher : il lui faudra un mois pour être démise de

1. FNE, « Un ministre peu durable… », 22 juin 2012.

ses fonctions et mutée au ministère du Commerce extérieur, une dépendance de Bercy.

Les lobbyistes savent aussi qui viser. Leur cible : de jeunes hauts fonctionnaires. « Ces groupes n'embauchent pas seulement une compétence et une personne, mais un carnet d'adresses, avec la liste des copains de promo. Ceux-là mêmes qui connaissent le fonctionnement de l'État. Cet aller-retour entre une formation délivrée par la puissance publique, des fonctions en cabinet ministériel pour être débauché ensuite en entreprise [...] pour revenir dans le secteur public, ce n'est plus possible. La vraie influence des entreprises, elle passe par là.[1] » « Regardez comment Macron a calé sur le glyphosate ou sur les néonicotinoïdes. Avant de rassembler, l'écologie a des combats terribles à mener. C'est un champ de bataille. Il y a des opposants, des adversaires et des ennemis très déterminés[2] », raconte l'écologiste Noël Mamère.

L'influence des lobbies sur les ministres ne date pas d'hier. Corinne Lepage est la troisième femme ministre à accéder à l'Écologie. À l'époque, son ministère est beaucoup plus petit qu'aujourd'hui. Dès son arrivée, elle connaît le principal obstacle à son projet de loi sur l'air, visant à réduire ou supprimer les pollutions atmosphériques. « Pour commencer : la résistance de nos concitoyens. Pour certains d'entre eux, surtout les plus modestes,

1. Delphine Batho, « La religion de la croissance économique ? », *Thinkerview*, 29 janvier 2020.

2. Entretien avec Noël Mamère, novembre 2021.

l'automobile représente la seule propriété. Viendrait ensuite la lutte avec les constructeurs automobiles, les grandes compagnies pétrolières et leurs soutiens, dont je menaçais les intérêts à court terme[1]. » La ministre décide donc d'opposer directement les principaux concernés autour d'une commission. Constructeurs automobiles, raffineurs, transporteurs routiers se réunissent pour trouver un consensus et rédiger un projet de loi. Corinne Lepage pense avoir trouvé la parade pour éviter de se frotter aux lobbies. Malheureusement, c'est à partir du moment où tout est fixé que les représentants d'intérêts décident d'attaquer. « Tel chef d'entreprise me disait frontalement tout le mal qu'il pensait de mes intentions[2]. » Le réel pouvoir des lobbies réside aussi dans leur capacité à influencer d'autres membres du gouvernement. « De manière plus insidieuse, j'ai senti très vite combien les ministères de l'Industrie et des Transports étaient viscéralement opposés au projet de loi. Ce sont là des ministères clientélistes », continue-t-elle.

En effet, les lobbies ont parfois leur place bien gardée directement auprès du président de la République. C'est le cas du lobby de la chasse.

Lorsqu'il démissionne en 2018, Nicolas Hulot cite un nom inconnu du grand public mais célèbre parmi tous les politiques français : Thierry Coste. Ce lobbyiste proche de la Fédération nationale des

---

1. Corinne Lepage, *On ne peut rien faire, Madame le Ministre…*, *op. cit.*

2. Entretien avec Corinne Lepage, mars 2021.

chasseurs et secrétaire général du comité Guillaume Tell (union française des amateurs d'armes) conseille régulièrement le président Emmanuel Macron sur les questions de ruralité. La veille de sa démission, Nicolas Hulot a peu apprécié sa présence lors d'une réunion à l'Élysée, au cours de laquelle le président a donné son accord pour diviser par deux le coût du permis de chasse. Plus tard, le chef de l'État affirmait qu'il n'était pas au courant de la venue de Thierry Coste[1]. Une information qui fait sourire l'intéressé : « Comment puis-je ne pas être invité à passer 2 h 30 à l'Élysée, avec le président de la République et deux ministres[2] ? »

Comme dans le cas de Nicolas Hulot, beaucoup de lobbies ont aujourd'hui compris qu'ils pouvaient passer au-dessus. L'homme qui se surnomme lui-même « celui qui chuchote à l'oreille des présidents » n'en est pas à son coup d'essai. Bon nombre de politiques, interviewés pour cette enquête, se plaignent de ce lobbyiste qui se fait tantôt renard, tantôt lion.

En *off*, un ancien ministre nous confie sa haine pour Thierry Coste. « Le vrai sale type, c'est lui. Un énorme tordu. Il est très introduit dans l'État, qui n'essaye pas de discuter sa présence. Il a ses entrées à l'Élysée. À Matignon. Et puis, il y a l'ancrage territorial. À l'approche des élections, il vous dit : “Les chasseurs représentent 20 % de la population française” (ce qui est faux, la chasse rassemble plus d'un

1. Thomas Legrand sur LCI, 28 août 2018.
2. Entretien avec Thierry Coste, juillet 2021.

million de licenciés). » Un autre ancien ministre, Yves Cochet, cite son nom dès que l'on aborde les lobbies : « Thierry Coste, je le connais bien aussi. Comme lobbyiste, quel salaud ! »

Quelques minutes après ma demande d'interview envoyée par mail, Thierry Coste me rappelle pour accepter cet entretien. Il me donne rendez-vous dans un café, à quelques pas de l'Assemblée nationale. Les serveurs semblent bien le connaître : « Thierry va arriver, installez-vous. »

Thierry Coste a conseillé tous les présidents de la République depuis François Mitterrand. On peut dire qu'il est bien installé à l'Élysée. « Je n'étais ni énarque, ni franc-maçon. Il fallait donc que je parle au président sur des sujets-passions. Je suis ensuite devenu le conseiller du candidat Chirac, celui de Sarkozy (conseiller ruralité et chasse), de Hollande et, aujourd'hui, conseiller à titre amical et personnel de Macron, je ne facture jamais rien[1]. »

Avec le temps, Thierry Coste a vu le poste évoluer : « Si on est idéologue, et Dieu sait que l'actuelle ministre [Barbara Pompili] l'est dans sa lecture perso, il y a échec. J'ai toujours considéré qu'il ne fallait pas confier l'Écologie à un écologiste. C'était une erreur politique. Si on fait le tour, les ministres les plus efficaces ne viennent pas de l'écologie. [...] C'est la personnalité qui fait le ministère. »

Son téléphone sonne, il s'excuse et décroche. Pendant l'appel, il nous scrute de ses grands yeux bleus avec un sourire presque innocent. On

1. *Ibid.*

comprend mieux pourquoi les présidents lui ont donné le bon Dieu sans confession. « J'en suis à mon quatrième président et je suis encore là, dit-il fièrement, comme s'il avait des cartes collectors. Souvent, l'entourage passe son temps à essayer de me virer. »

Thierry Coste met à l'aise. Il est sympathique, trop sympathique, comme beaucoup de lobbyistes. Il assume sa réputation sulfureuse : « J'ai une culture à l'anglo-saxonne. Je n'ai pas d'état d'âme. Je fais parler des frustrés pour obtenir des renseignements et je les utilise. Je respecte seulement la réglementation. Je suis hyper *clean*. Si j'avais commis la moindre erreur, je serais déjà mort. Mon métier est d'être stratège, de comprendre les gens, d'être parachuté de l'autre côté des lignes ennemies pour mieux les comprendre. Je peux dire : “Là, si vous continuez comme ça, vous allez droit dans le mur.” Je ne suis pas assez intelligent pour mentir car je pourrais ne pas me rappeler ce que j'ai dit et à qui je l'ai dit. Je suis franc et direct. C'est pris parfois pour de la brutalité, et parce que je sais qu'il faut instaurer un rapport de force. Je n'ai pas de problème à demander la tête d'un préfet, ou d'un dircab[1]. »

Lorsque Nicolas Hulot cite son nom en direct sur la matinale de France Inter, Thierry Coste est mis sur le devant de la scène médiatique. Cette presse lui apporte un nombre de clients considérables. « On me présente comme le tombeur de Hulot.

1. *Ibid.*

C'est une pub d'enfer. J'ai doublé mon chiffre d'affaires en trois mois. »

Il accepte de nous raconter sa version du départ de Nicolas Hulot. À l'époque, chaque semaine, boulevard Saint-Germain, les chasseurs viennent travailler sur la réforme de la chasse lancée par Emmanuel Macron. Nicolas Hulot et Thierry Coste se font face et se jaugent pendant plus de deux heures de réunion. « Le président se lève, raconte Thierry Coste. Il nous dit, à Hulot et moi : “Vous vous calez en matière de communication.” Hulot s'avachit et commence à parler de moi à la troisième personne : “Il va nous manipuler, on ne va jamais réussir à s'entendre.” » Et il murmure : « Je vais démissionner. »

Cette fois, contrairement aux précédentes, il va mettre à exécution sa menace et démissionner le lendemain.

Thierry Coste nous explique son plan d'attaque « en trois temps ». « Le premier jour, j'explique que je ne comprends pas pourquoi il est parti. Le deuxième jour : je passe à l'offensive et je raconte que c'est un menteur, un feignant et un lobbyiste comme moi depuis 20 ans sauf que moi, c'est écrit sur mon front. Le troisième jour : je le massacre. » En bon stratège, Thierry Coste aime citer Machiavel, sa principale source d'inspiration : « Je mets en œuvre des stratégies, je me salis les mains jusqu'au cou. C'est pour ça que je suis détesté des gens qui ont réalisé que je les avais manipulés. C'est normal. On sait pour qui je travaille [...]. J'adore Machiavel. Je le lis très souvent. C'est un homme qui n'a jamais été surpuissant. Mais il avait une vraie vision du fonctionnement de l'espèce humaine et des enjeux. »

Dans le gouvernement actuel, certains tentent de minimiser la puissance du lobby des chasseurs. L'ancien collaborateur de la ministre Barbara Pompili tempère : « Ce n'est pas le lobby des chasseurs qui a poussé Hulot à la démission. À la fin du mois d'août, il devait prendre des décisions sur un certain nombre de pratiques cynégétiques et notamment celle de la chasse à la glu. Hulot ne parvient pas à remporter ces arbitrages[1]. Deux ans plus tard, Barbara Pompili les remporte. Elle fait interdire la chasse à la glu. »

La faiblesse de ce ministère l'amène parfois à devoir défendre les intérêts de ses opposants. Gardons l'exemple des chasses traditionnelles. Depuis plusieurs années, elles font débat en France. Le Conseil d'État et la Cour de justice de l'Union européenne ont condamné la chasse à la glu. Le gouvernement décide malgré tout de reprendre des textes qui autorisent ces pratiques. Ironie de l'histoire, la chasse relève du périmètre de Barbara Pompili. Ce sera donc à elle de prendre ces arrêtés pour autoriser la capture de l'alouette des champs ou la chasse à la tenderie des vanneaux et pluviers dorés.

Certains ministères sont de mèche avec des lobbies pour faire tourner le vent en leur faveur. Corinne Lepage se souvient particulièrement d'un épisode

1. Entretien avec Léo Cohen, avril 2021.

autour de l'interdiction d'un pesticide, le Diuron, en 1992. La date de fin d'utilisation du produit a été décalée d'un an pour une raison bien particulière : un petit arrangement entre le ministère de la Santé et un lobbyiste. « J'ai su que quelqu'un avait un intérêt économique très précis à pouvoir écouler ses stocks et que sa proximité avec le ministère de la Santé lui avait permis de l'obtenir. J'étais scandalisée. »

Ces dernières années, les lobbies ont trouvé un excellent moyen pour déguiser leur travail en expertise. Bienvenue dans le monde merveilleux des *think thanks*. Antoine Vauchez, directeur de recherche au CNRS en sociologie politique, regrette le recours de l'État à ces centres de réflexion, leur laissant la main sur une expertise qu'ils n'ont plus. « L'État n'est pas très compétent sur la surveillance des produits chimiques, ni au niveau européen, ni au niveau national. Le lobbying peut donc s'infiltrer dans la brèche, mais sous la forme d'expertise, de *think tank*, avec la production de données, de façon invisible[1]. »

Et en haut de la liste des plus grands adversaires du ministère, se trouve la plus grande organisation patronale : le Medef. Son but ? Laisser le plus de liberté possible aux entreprises et éviter les restrictions environnementales. Durant la crise sanitaire, le Medef a même été pris la main dans le sac, en pleine tentative de lobbying. Le président du Medef, Geoffroy Roux de Bézieux, a envoyé une lettre à la ministre de l'Écologie, Élisabeth Borne, pour obtenir un délai de textes

1. Entretien avec Antoine Vauchez, mars 2021.

de lois que le patronat jugeait dérangeants. Pas de bol, le *JDD* a publié la lettre[1].

Tous les moyens sont bons pour influencer, quitte à laisser l'éthique de côté. Durant le projet de loi Climat et résilience en 2021, les publicitaires ont tenté tant bien que mal d'éviter un encadrement sur les dispositifs lumineux des commerces. Le but : soumettre ces écrans à des prescriptions à la main des maires en matière d'emplacement, de surface et de hauteur pour prévenir les nuisances lumineuses. La ministre Barbara Pompili confesse les tentatives de ces représentants d'intérêts pendant le vote de la loi : « Pendant la loi Climat et résilience, la publicité a exercé une vraie pression. L'inquiétude était forte, à mon sens, disproportionnée par rapport à la réalité. Nous avons pris du temps avec ces professionnels. S'il y a plusieurs recettes, trouvons celle qui marche le mieux[2]. »

Le lobby avance souvent masqué. Une campagne « Touche pas à ma vitrine » voit le jour pour lutter contre la restriction des publicités lumineuses. « Nos vitrines ne seront bientôt plus un espace libre pour la promotion de nos produits ! » lit-on sur le site. Sauf que, surprise, derrière cette énigmatique campagne, ne se cachent pas des commerçants, comme le prétend le site, mais un fabricant d'écrans de pub vidéo. En effet, le site est enregistré par la

1. Arthur Nazaret, « Ce courrier du Medef qui agace le ministère de l'Écologie », *Le JDD*, 22 avril 2020.

2. Entretien avec Barbara Pompili, décembre 2021.

société d'affichage Phenix, spécialisée dans la vitrine et la publicité.

Nombreux s'accordent aujourd'hui pour dire que la puissance des lobbies en France est trop importante. Encore que, Corinne Le Page estime qu'il n'y a pas assez de lobbies écolos pour donner le change. « Au risque de surprendre, je suis très favorable à leur développement. Nous souffrons en France, non pas d'un excès des lobbies, mais d'une insuffisance du nombre de contre-lobbies pour permettre à l'État de jouer son rôle d'arbitre[1]. »

Il existe pourtant des institutions pare-feu : les ONG de défense de l'environnement surnommées les lobbies verts par leurs détracteurs. Greenpeace et ses interventions coup de poing sur une centrale nucléaire, WWF ou encore FNE et ses réunions régulières avec le gouvernement... Elles sont devenues des acteurs incontournables dans la lutte contre le réchauffement climatique et la préservation de nos ressources. Mais contrairement à ce que l'on pourrait penser, elles peuvent s'avérer aussi des ennemis du ministre de l'Écologie et même flirter avec le lobbyisme. Il arrive que les ONG environnementales touchent de l'argent de la part des plus gros pollueurs. Le lobbyiste Thierry Coste prend un malin plaisir à nous confirmer cette information : « En interview sur RMC, je tombe sur un grand patron qui me dit : "Thierry, pendant 5 ans, j'ai payé la fondation Nicolas-Hulot pour m'acheter

1. Corinne Lepage, *On ne peut rien faire Madame la ministre*, *op. cit.*

la paix[1]. » Un bon moyen de faire du *greenwashing* selon le lobbyiste, d'avoir une fiscalité intéressante avec une réduction d'impôts. « Tous les gros pollueurs font ça. » Et après vérification, les dires du grand ennemi de Nicolas Hulot sont vrais. EDF a payé 460 000 euros[2] à la fondation jusqu'en 2012 et 100 000 euros depuis[3]. Et ce ne sont pas les seuls : Veolia a versé 20 000 euros par an de 2012 à 2017 et le mécène siège même au conseil d'administration. Et parmi les autres pollueurs qui versent des dizaines voire des centaines de milliers d'euros par an à la FNH, on retrouve Vinci, Duracell ou encore Bouygues Télécom. Pas facile pour les ONG de se présenter comme des anti-lobbies lorsque certaines se font financer par ce genre de pollueurs.

1. Entretien avec Thierry Coste, juillet 2021.
2. Rapport de la Cour des comptes, 2012.
3. *Le Canard enchaîné*, juillet 2017.

5.

ONG : meilleures ennemies

« Prenez le logo de France Nature Environnement, notre hérisson. Le hérisson : quand on le caresse dans le sens du poil, tout se passe bien […]. À certaines périodes ou certains dossiers, le hérisson sort ses pics. »

Morgane Piederrierre,
responsable chez FNE[1]

1. Entretien avec Morgane Piederrierre, mars 2021.

L'écologie n'est la priorité ni du gouvernement ni du Parlement, quelles que soient leur orientation politique. Les pouvoirs exécutif et législatif se contraignent à agir sous la pression des nombreuses organisations qui ont fait de la défense du vivant un cheval de bataille : WWF, Greenpeace, FNE, la fondation Nicolas-Hulot (devenue la Fondation pour la nature et l'homme). À l'instar des lobbies, elles sont souvent sondées par les ministres au sujet des réformes en cours ou sont reçues au ministère de l'Écologie.

Néanmoins, « écolo » ne veut pas toujours dire « copain ». Au sein des ONG, il existe un panel de courants qui se différencient par leurs méthodes de travail et leurs souhaits politiques.

Selon l'orientation politique du ministre et sa personnalité, les rapports avec les ONG ne sont pas toujours au beau fixe. « On a des relations difficiles et délicates[1] », résume Jean-François Julliard, directeur général de Greenpeace, fondée en 1971 au Canada. La même année, naissait le ministère

1. Entretien avec Jean-François Julliard, mars 2021.

de l'Écologie français. Une certaine rancœur s'est installée entre le gouvernement et l'ONG, connue pour ses actions coup de poing. En 1985, la France a été reconnue responsable d'un acte de sabotage par la DGSE, les services secrets de renseignement français, sur le *Rainbow Warrior*, un bateau appartenant à Greenpeace. La mort d'un militant lors de cette opération n'a pas aidé à pacifier ces liens. On pourrait considérer que c'est du passé, mais plusieurs membres du gouvernement français de l'époque sont toujours « en service ». Laurent Fabius, Premier ministre à ce moment-là est, aujourd'hui encore, une personnalité politique importante. Il a par exemple présidé la COP 21 de Paris.

Comparée à d'autres ONG, Greenpeace demeure malgré tout un acteur de premier plan, accueilli par les ministres. « Ne pas recevoir Greenpeace quand on traite des questions environnementales, c'est presque une faute politique ou professionnelle », précise Jean-François Julliard. Ce qui n'empêche pas les ministres d'accorder plus ou moins de temps lors de ces rencontres. Si certains prennent une demi-heure, d'autres sont plus expéditifs. « La difficulté de l'exercice est de ne jamais savoir ce qu'en retient un ministre. Il pioche un peu ce qui l'intéresse. Tout le reste passe un peu à la trappe. »

Avant chaque rendez-vous, les ONG préparent leurs objectifs avec leurs équipes, et les garanties à obtenir à la fin de la rencontre. Souvent, il s'agit d'une réponse claire à une question environnementale laissée en suspens. Par exemple : est-ce que le projet d'extension de terminal 4 à Roissy est toujours d'actualité ? Selon Jean-François Julliard, « quand c'est un nouveau ministre qu'on ne connaît pas, c'est un moyen de mesurer sa connaissance des dossiers ». Les ministres de l'Écologie qui potassent les sujets sont plus appréciés par les ONG, comme le note une source : « Élisabeth Borne est une femme de dossier. Elle lisait beaucoup les notes. C'était très agréable de travailler avec elle. La contrepartie : peu de Français la connaissent. Pour beaucoup, elle aura été transparente dans ce ministère [...]. Elle n'était pas là pour faire le buzz, mais pour régler les problèmes. » Le sentiment est partagé par le directeur général de Greenpeace : « Avec Élisabeth Borne, on s'est vus très souvent. C'est peut-être la seule à avoir été aussi proactive avec nous. Elle était sur des rencontres factuelles, précises, parfois un peu techniques. »

L'intérêt des ONG est de privilégier une ou deux grandes thématiques par séance. Mais il existe aussi des réunions de politique générale, qui ne sont pas du goût du directeur général de Greenpeace : « On a parfois l'impression que ce sont des échanges de courtoisie plus qu'autre chose[1]. » Du temps perdu puisque les rencontres ne sont pas régulières. Greenpeace peut rencontrer chaque ministre une à deux fois par quinquennat et il en va de même pour les réunions inter-associatives. Étant donné son passé à la tête d'une ONG, Nicolas Hulot a beaucoup reçu les associations environnementales.

1. *Ibid.*

« Il avait mis en œuvre une espèce de rencontre entre associations tous les deux mois[1]. » S'il est plus simple de rencontrer le ministre de l'Écologie lorsqu'on est une association ou une ONG spécialisée, les autres portes du gouvernement ne s'ouvrent pas aussi « facilement ». « Sitôt qu'on essaye de rencontrer un ministre de l'Économie, on nous dit que ce n'est pas notre interlocuteur. Qu'il faut frapper à la porte de l'Écologie », rapporte Jean-François Julliard.

Alors les ONG se concentrent sur ce ministère, quitte à le bousculer. Sur le logo de la FNE par exemple, on trouve un hérisson tout rouge, les piquants et les griffes en avant. L'animal semble prêt à attaquer et, en regardant de plus près, on peut voir qu'il fronce les sourcils. Le logo a bien évolué. En 2014, le hérisson arborait encore un sourire. « Quand on le caresse dans le sens du poil, tout se passe bien. Si on va dans le sens de la transition écologique, on est dans une logique de concertation, de proposition. Mais à certaines périodes, ou face à certains dossiers, le hérisson sort ses piquants[2] », affirme Morgane Piederriere de la FNE. Même son de cloche du côté de Greenpeace s'agissant de Nicolas Hulot : « On connaissait personnellement Nicolas Hulot. D'entrée de jeu, il nous a demandé d'avoir la même exigence que si c'était quelqu'un d'autre. C'est bien sûr ce qu'on a fait. Et il a mal réagi après certaines de nos communications,

1. *Ibid.*
2. Entretien avec Morgane Piederriere, mars 2021.

notamment sur le nucléaire. On avait écrit que le ministère s'était couché devant EDF. Il l'avait en travers de la gorge. Je lui ai dit que c'était la réalité. Il a ensuite démissionné. Avec François de Rugy, j'avais l'impression d'avoir un ministre qui me faisait la leçon et m'engueulait parce que j'avais mal parlé de lui sur les réseaux sociaux[1] », me rapporte Jean-François Julliard. François de Rugy a la rancune chevillée au corps. « Honnêtement, ça reste très désagréable à chaque fois que je le croise. Il est très virulent contre les ONG environnementales », déplore le directeur général de Greenpeace.

Les ONG se défendent d'être trop dures envers les ministres : « Ils connaissent nos positionnements. Les discussions se font sur le mode "maintenant que vous êtes ministres, comment fait-on pour enclencher ceci, comment allez-vous vous y prendre, comment peut-on vous aider ?" » Certains feignent d'être occupés pour éviter les confrontations ou les promesses vaines. « Royal passait son temps à se lever, passer des coups de fil. On finissait toujours entre les mains de ses conseillères. Ou alors elle sortait de la pièce et revenait pour nous dire que la rencontre était terminée à cause d'une urgence à gérer. C'était juste pour cocher la case "j'ai reçu Greenpeace". »

Connaître le ministre avant sa nomination – parfois pour avoir lutté des années à ses côtés – aide à repérer sa corde sensible. Encore faut-il trouver le bon positionnement. « On essaye d'actionner les

1. Entretien avec Jean-François Julliard, mars 2021.

leviers qui peuvent être efficaces. Avec certains, c'est l'émotionnel. Avec d'autres, ce sont les questions politiques ou les enjeux internationaux. Ou encore, les choses très techniques et argumentées », ajoute Jean-François Julliard.

Pour certains politiques, ce n'est plus un fossé, mais un ravin qui les sépare des ONG. Si la communication avec le ministère de l'Écologie est obligatoire, il faut aussi pouvoir côtoyer ceux de l'Économie et de l'Agriculture. Morgane Piederriere, responsable des affaires publiques à la FNE, le reconnaît : « Quand on va à Bercy, c'est souvent compliqué car on n'a pas de culture commune. Ils ne nous connaissent pas bien. Du coup, on n'a pas la légitimité. Parfois, ce n'est pas le même vocabulaire, ni la même compréhension d'un mot[1]. » Il faut alors traduire sans travestir ses convictions.

Le directeur général du laboratoire d'idées I4CE, Benoît Leguet, défend sa méthode – qu'il juge imparable : adapter son discours pour capter l'attention du décideur. « On est un peu plus militants ou engagés que les services de l'État, un peu bêtes et méchants parce qu'on a pour objectif de mettre du climat partout, mais en parlant le langage des gens qui n'en ont rien à faire. Cela nous oblige à parler un vocabulaire qu'on ne maîtrise pas au départ. Si on rencontre le gouverneur de la Banque de France, on ne lui parle pas de protection de la planète, on lui parle de stabilité financière. Il s'en fiche, sauf peut-être à titre privé. En revanche, on

1. Entretien avec Morgane Piederriere, mars 2021.

lui montre les liens entre la stabilité financière, qui est son objectif, et le climat, qui est le nôtre. Là, il nous écoute. Mais il faut commencer par la stabilité financière, pas par le climat[1]. »

Mais la méthode inverse fonctionne tout aussi bien. Il faut savoir parler à la personne avant de penser au poste qu'elle occupe. Comme le résume très bien un haut responsable d'ONG, qui tient à rester anonyme : « Un ministre n'est pas censé être aussi dépendant de sa propre personnalité, de ses propres enjeux. »

En suivant la boussole des personnes et moins celle de l'ordre protocolaire, certaines ONG s'adressent directement au locataire du château : le président de la République. Jean-François Julliard se souvient : « Avec François Hollande, on se voyait assez régulièrement parce qu'il avait cette tradition de recevoir les ONG avant ou après de grandes échéances, comme les conférences environnementales, la préparation de la COP 21, ou du G20, avec des questions climatiques à l'agenda. Avec Macron, on s'est vus deux fois, tout au début, juste après son élection. Je pense qu'on ne se reverra pas de son quinquennat. On a été reçus avec des chercheurs, des universitaires, des experts sur différents sujets. Il y avait 50 personnes. On avait 30 secondes chacun, ce n'est pas très utile[2]. » Le risque est effectivement de faire office de caution et de servir la soupe à un président de la République au bilan écologique

1. Entretien avec Benoît Leguet, mars 2021.
2. Entretien avec Jean-François Julliard, mars 2021.

catastrophique. Cette crainte est particulièrement présente chez les jeunes mouvements écologistes plus radicaux. Noé Gauchard, membre du mouvement Youth for Climate – inspiré de l'action de Greta Thumberg –, me confie : « À chaque fois, c'était assez conflictuel, que ce soit avec Emmanuel Macron qui est parti au bout de 10 minutes, ou avec François de Rugy. On est dans l'opposition, et le gouvernement, du fait de notre jeunesse, nous voit comme sa caution utile. Il veut faire sa com'[1]. »

En effet, certaines ONG ne sont pas dupes et ont pleinement conscience de la hiérarchie qui existe entre le président de la République, le Premier ministre et le reste des ministres. Comme l'expose Morgane Piederriere de FNE s'agissant de la réintroduction partielle des néonicotinoïdes : « Notre politique est de critiquer très rarement le ministre de l'Écologie parce que, bien souvent, quand la décision ne nous convient pas, ce n'est pas le ministère qui a pris une mauvaise décision mais un arbitrage perdu. On ne tape pas sur le ministère, mais sur ceux qui ont fait l'arbitrage : Matignon ou l'Élysée. Prenons le retour des néonicotinoïdes, Barbara Pompili a été attaquée parce qu'elle revenait sur une loi qu'elle avait elle-même fait voter sous le gouvernement Hollande. C'est une grosse couleuvre à avaler, mais il ne faut pas la blâmer. [...] On ne tire pas sur l'ambulance[2]. »

1. Entretien avec Noé Gauchard, avril 2021.
2. Entretien avec Morgane Piederriere, mars 2021.

D'un côté, une responsable de FNE considère son association comme « apolitique » : « C'est important pour nous de pouvoir travailler avec tout le monde. Forcément, on est dans une relation très proche avec le ministère de l'Écologie. » D'un autre, un membre de Youth for Climate explique la rupture qui s'opère. Le dialogue avec les institutions publiques ne l'intéresse plus : « Nous, on s'adresse directement aux gens. Pour ça, on décide de ne pas avoir de spécialisation technico-politique qui brouillerait notre message. »

Si les ONG déplorent l'action des ministres, la réciproque est tout aussi vraie. Pour la première fois depuis le début de mon enquête, tous les acteurs sont d'accord. Avoir un ennemi commun soude un groupe. Dommage que cet ennemi soit finalement dans le même camp. Au lieu d'unir leurs force, ONG et ministres se tirent constamment dessus. Corinne Lepage revient sur ses relations avec les ONG de l'époque où elle était ministre : « Au moment de la loi sur l'air, j'ai essayé de m'appuyer sur les organisations environnementales, mais elles étaient très peu présentes. Je n'ai eu que des associations de médecins pour m'aider[1]. »

Cette critique sur un sujet précis se double de reproches sur la stratégie adoptée par de nombreuses ONG. Brice Lalonde, qu'on ne peut pas taxer d'excès dans ses prises de position, affirme : « Je pense qu'ils ont tort. Cette surenchère permanente est dommageable. Les ministres ont besoin

1. Entretien avec Corinne Lepage, mars 2021.

de l'aide des associations, en mode "tu vas dire ça", "moi je vais faire ça". »

Quelles sont les racines de cette incompréhension mutuelle ? Barbara Pompili, rappelle : « Ceux qui disent qu'il faut aller plus vite, je leur dis : "Très bien, venez avec moi rencontrer la filière professionnelle, voyez si on peut faire je ne sais combien de rénovations globales, là, tout de suite[1]." »

Le constat est partagé par Delphine Batho. Les ONG auraient tendance à se draper dans une posture moralisatrice. Dans son livre, l'ancienne ministre de l'Écologie regrette par exemple l'absence de Greenpeace, pourtant invité à participer à un débat national où la question du nucléaire était « enfin » sur la table. Ses membres ont justifié leur absence par la participation d'Anne Lauvergeon, ancienne des filiales nucléaires Areva et Cogema, au comité de pilotage. Ils la considéraient comme responsable du retard en matière de renouvellement d'économies d'énergie.

Léo Cohen, ancien conseiller ministériel, résume la situation, et surtout la spécificité du ministère de l'Écologie par rapport aux autres : « Chaque ministère a, plus ou moins, une clientèle. Quand vous arrivez au ministère de l'Écologie, ceux qui comme vous défendent ces sujets-là deviennent vos premiers adversaires. Là où le Medef est capable de s'entendre avec Bercy pour les mesures en faveur du patronat, il est incroyablement difficile d'obtenir un *satisfecit* des ONG quand vous êtes ministre de l'Écologie. »

1. Entretien avec Barbara Pompili, décembre 2021.

Ce procès en manque de reconnaissance est partagé par des parlementaires, comme Erwan Balanant, député de la majorité présidentielle. « J'ai une relation “Je t'aime, moi non plus” parce qu'il y a parfois un double discours. Sur la loi Climat et résilience, des acteurs associatifs et ONG me disaient : “Si on nous avait dit qu'on arriverait à ce niveau d'exigence et de changement, on aurait signé dès demain.” Qu'ils considèrent qu'il faille aller plus loin, c'est légitime. Mais qu'ils n'actent pas des progrès, ça m'agace ».

Cette spécificité de ne pas avoir de clientèle qui soutient l'action du ministre se double d'une tradition de conflictualité politique en France. Jean-François Julliard s'étonne à moitié quand il compare la situation à celle outre-Rhin : « En Allemagne, Greenpeace a un côté très institutionnel. C'est une énorme machine présente partout. Ils ont organisé un événement festif pour leur anniversaire. Ils avaient invité deux ministres, en charge des questions environnementales. Ça m'avait frappé. Pour nous, ce serait inimaginable, organiser un anniversaire avec des ministres... On ne les inviterait pas et si on les invitait, ils ne viendraient pas[1]. »

1. Entretien avec Jean-François Julliard, mars 2021.

6.

Aux arbres citoyens

« *Fin du monde, fin du mois : même combat.* »

Slogan des Gilets jaunes, 2018

Trier ses déchets. Ne pas acheter ses kiwis emballés dans du plastique. Arrêter d'acheter des produits qui viennent de l'autre bout du monde. Stop à la viande (et au poisson) dont la production, le transport, et la distribution émettent des gaz à effet de serre. Dans le Caddie, que du circuit court. Vélo obligatoire pour les petites distances. Si on doit prendre la voiture, s'assurer qu'on partage le voyage avec quelqu'un. Pour les vacances, pas question de prendre l'avion. Quant aux soldes, oublions. Il faut acheter trois fois moins de vêtements neufs. Il faut aussi baisser le chauffage de 20 %, surtout en hiver. En parlant de grand froid, pour Noël, les cadeaux seront de seconde main, en particulier les objets *high tech*. Et si on ne retourne pas à la bougie, il faut s'éclairer avec des ampoules LED, plus écologiques.

Si de nombreux Français se retrouvent dans plusieurs de ces situations, il est rare de cocher toutes les cases. Il s'agit pourtant des précautions à prendre pour réduire nos émissions de gaz à effet de serre. L'empreinte carbone moyenne d'un Français est de 11 tonnes de CO_2 par an. Pour respecter l'accord de Paris – à défaut de pouvoir atteindre

1,5 °C d'ici 2050 – il faudrait la diviser par six. « Ce n'est pas facile tous les jours. On demande à des écosystèmes entiers d'évoluer, de changer d'habitudes[1] », affirme l'actuelle ministre de l'Écologie, Barbara Pompili.

Est-ce pour autant suffisant ? Selon une étude du cabinet Carbone 4[2], présidé par Jean-Marc Jancovici : si la France était peuplée de 67 millions de Français héroïques cochant toutes les actions énumérées, elle n'aurait parcouru qu'un quart du chemin en vue de l'objectif de maintien à 2 °C. Même en réalisant tous ces gestes, les Français se heurtent à une inaction politique. L'État est supposé accompagner cette transition. Les auteurs de l'étude concluent d'ailleurs « qu'il revient à l'État d'assumer pleinement son rôle de régulateur, d'investisseur, et de catalyseur à tous les niveaux ».

Contrairement à ce que l'on pourrait penser, les Français s'estiment engagés. 45 % d'entre eux ont le sentiment d'agir autant qu'ils peuvent pour protéger l'environnement[3]. Mais il existe encore de nombreux obstacles qui les empêchent d'être pleinement impliqués. Parfois, certains ministres agissent même à l'opposé de leurs convictions. Nicolas Hulot a par exemple été épinglé, alors qu'il était ministre, pour

1. Entretien avec Barbara Pompili, décembre 2021.

2. Carbone 4 – César Dugast et Alexia Soyeux, « Faire sa part ? Pouvoir et responsabilité des individus, des entreprises et de l'État face à l'urgence climatique », juin 2019.

3. https://www.ecologie.gouv.fr/sites/default/files/Th%C3%A9ma%20-%20Modes%20de%20vie%20et%20pratiques%20environnementales%20des%20Fran%C3%A7ais.pdf.

son nombre impressionnant de voitures. Un ancien conseiller du cabinet s'indigne : « C'est quand même le gars qui a 9 véhicules à moteur thermique. Pas 1, pas 2, pas 3… 9 ! En décembre 2017, la presse en a parlé. Il arrive un moment où soit on est en accord et en phase avec ses valeurs et on commence à se les appliquer à soi-même, soit on arrête. Il y a des icônes qu'il faut continuer à regarder à travers un écran. Je suis peut-être très naïf mais j'avais quand même une bonne image de Nicolas Hulot. La chute a été d'autant plus dure[1]. »

Aujourd'hui, les propositions étatiques ne sont souvent destinées qu'à une population aisée, ayant les moyens de s'engager politiquement. Pour cette raison, le peuple s'est soulevé, à plusieurs reprises, contre des mesures écologiques. Non par climato-scepticisme, mais par manque de propositions réalistes. Un point en particulier fait grincer des dents dans l'Hexagone : la taxe sur les carburants.

Le gouvernement de François Hollande a fait les frais d'une tentative similaire désastreuse : l'écotaxe. Imaginée lors du Grenelle de l'environnement en 2007, et votée à l'unanimité deux ans plus tard, sous la présidence de Nicolas Sarkozy, la mesure est lancée au printemps 2013. L'idée part du principe du pollueur-payeur. Elle veut inciter les transporteurs à privilégier le ferroviaire et le fluvial plutôt que le fret routier pour réduire les émissions de CO_2 des poids-lourds. Et ainsi utiliser une partie des gains

1. Entretien, juin 2021.

pour entretenir le réseau routier français. Mais les camionneurs ne l'entendent pas de cette oreille.

Octobre 2013. Le Finistère s'embrase. Bonnets rouges vissés sur la tête – symboles de la révolution bretonne du XVIIe siècle –, plus d'un millier de manifestants s'attaquent à un premier portique. Ces grosses infrastructures surveillent les routes depuis le ciel, à l'aide de dizaines de caméras. Le système doit contrôler la présence de boîtiers dans les poids-lourds et récupérer l'écotaxe. Si un véhicule n'en possède pas, il est passible d'une amende. Avec ce nouveau prélèvement, 15 000 kilomètres de routes – jusqu'ici gratuites – deviennent payantes pour les camions, étrangers ou français, de plus de 3,5 tonnes. À raison de 13 centimes déboursés en moyenne par kilomètre, ce système doit rapporter plus d'un milliard d'euros par an. Il a déjà fait ses preuves en Allemagne. Mais en pleine crise économique, le projet ne prend pas. Tracteurs, camions et remorques bloquent les routes. Agriculteurs et transporteurs, main dans la main, se rebiffent. Le 29 octobre 2013, alors que la tension monte, le Premier ministre Jean-Marc Ayrault tweete : « J'ai décidé de suspendre la mise en œuvre de l'écotaxe. »

Après plusieurs semaines de contestation, les Bonnets rouges obtiennent gain de cause : l'écotaxe est suspendue. Sur les 15 portiques installés en Bretagne, 5 font les frais de la colère des contestataires, d'autres sont démontés par l'État. Selon les patrons routiers bretons, l'écotaxe aurait fortement impacté leurs tarifs. François Helias, à la tête d'une entreprise de 14 salariés, se confie à iTélé en

2017 : « Sur ma clientèle cela aurait représenté une augmentation des prix de 8 à 12 %. » En 2013, les entreprises bretonnes de l'agroalimentaire avaient évalué à 100 millions d'euros le surcoût de l'écotaxe sur leur production. Dans son rapport annuel[1], la Cour des comptes fait le bilan de ce projet avorté et estime ce fiasco à un milliard d'euros[2]. Elle qualifie l'écotaxe de « projet ambitieux » et son abandon, d'« échec stratégique » et de « gâchis », pointant à la fois le manque à gagner pour l'État et les collectivités territoriales. Nathalie Kosciusko-Morizet, ministre de l'Écologie ayant participé à ce projet lors du Grenelle de l'environnement, n'en démord pas. « On a commencé à le mettre en place, et puis les gens ont eu peur, ont reculé. On se retrouve avec des portiques qui ne servent plus à rien. C'est absolument ridicule. C'est de la mauvaise utilisation de l'argent[3]. »

Un Collectif des acteurs économiques bretons, regroupant le patronat régional, les chambres de commerce et d'agriculture et des groupes de la grande distribution (Leclerc ou encore Système U), obtient une exonération de 40 % pour l'ensemble des transporteurs bretons et une exonération totale pour les producteurs de lait et usagers d'une partie du réseau routier breton (la route nationale 164 entre Rennes et Carhaix). Mais ces concessions ne

1. Rapport de la Cour des comptes, 2017.
2. Cour des comptes, Rapport public annuel 2017. L'écotaxe poids lourds : un échec stratégique, un abandon coûteux.
3. Entretien avec Nathalie Kosciusko-Morizet, avril 2021.

sont pas suffisantes, les Bonnets rouges ne veulent pas entendre parler de cette taxe et la mobilisation reprend en août 2013 lorsque sont installés les premiers portiques.

Pire : au moment de la suspension, l'État a déjà réglé un acompte de 70 millions d'euros pour la mise en place du système à Écomouv. Le contrat commence et l'État doit payer les premières échéances. Montant : 180 millions d'euros. À ce stade, l'addition s'élève à 10 milliards d'euros, selon la Cour des comptes, alors que la taxe n'a pas rapporté le moindre centime.

Cela partait pourtant d'une bonne intention : faire payer les plus gros pollueurs. Cet échec résume l'incapacité de l'État à accompagner la transition et à calmer les angoisses des Français face à la transition écologique. Le bâton ne peut pas suffire, il faut aussi la carotte. Et la France n'en est pas à son coup d'essai.

Pour l'ancienne ministre, Nathalie Kosciusko-Morizet, « il faut que cette taxe soit redistribuée à ceux qui sont les plus pénalisés. On ne peut pas la mettre en place si on n'organise pas parallèlement une politique d'isolation des bâtiments "passoires thermiques". Ou si on continue de privilégier la voiture au rail. Aujourd'hui, pour aller de Dunkerque à Paris en train, on met plus longtemps qu'il y a 50 ans. Si vous reléguez les gens dans des quartiers sans mixité sociale, loin des villes, ils sont prisonniers de leur bagnole, parce qu'il n'y a plus de train, plus de services. C'est ça qu'il faut changer. On est dans un système où il faut tout simplifier, où tout est binaire. Ce n'est pas comme ça qu'on résoudra les problèmes ».

En novembre 2018, la situation se répète. Le gouvernement d'Emmanuel Macron accélère la cadence avec un impôt, non plus pour les professionnels, mais pour les particuliers. On propose une augmentation de la taxe intérieure de consommation sur les produits énergétiques. Chacun lit la taxe carbone depuis sa fenêtre. L'Écologie y voit un moyen de réduire notre consommation de carburant, l'Économie rêve d'une poule aux oeufs d'or. On sait comment finit cette fable pour enfant. L'idée est de réguler les variations du prix du pétrole et de réaliser des rentrées budgétaires. Un certain nombre de professions et d'activités bénéficient d'exonérations partielles ou totales de cette nouvelle taxe. Le prix à la pompe flambe et cela inquiète les automobilistes. De cette peur des fins de mois naît le combat des Gilets jaunes.

Ce mouvement semble, de prime abord, irréconciliable avec celui des écologistes. Patrick Farbiaz, ancien membre du Conseil national d'Europe Écologie Les Verts, raconte à *Reporterre*[1] : « À l'origine, j'étais très sceptique. Vu des métropoles, ces gens de "nulle part" se réclamaient de la civilisation de la bagnole. Le Pen les soutenait. Ils étaient visiblement racistes et homophobes. » Mais très vite, le militant a compris qu'il avait tort et a dégainé sa chasuble pour rejoindre les ronds-points les

1. « Les Gilets jaunes sont le premier mouvement social écologiste de masse » *Reporterre*, janvier 2019.

samedis suivants : « Je ressemblais à ces bourgeois du XIXe siècle qui stigmatisaient les communards comme un peuple d'alcooliques désœuvrés. » Rapidement, les écologistes, ont eux aussi dénoncé la taxe carbone, la qualifiant parfois de « fausse écologie punitive ».

À l'époque, le ministre qui porte cette nouvelle augmentation est François de Rugy. « Je constate au début de cette crise que je me sens un peu seul à faire ce travail de "service après-vente" : seul au gouvernement, seul dans le champ politique et, c'est le comble, très seul dans la galaxie écologiste. Où sont les Verts qui réclament à cor et à cri depuis des années une "fiscalité écologique" ? Yannick Jadot, aveuglé par son opposition systématique à Emmanuel Macron, va jusqu'à dire que le gouvernement "fait les poches des automobilistes". Les associations environnementalistes, sont aux abonnés absents alors qu'elles demandaient quelques semaines auparavant d'alourdir la fiscalité écologique sur les carburants[1]. » S'il est vrai que François de Rugy a rencontré une grande solitude pendant ce mouvement, ses propos sont à relativiser. En effet, les ONG demandent depuis plusieurs années une taxe carbone, mais en précisant qu'elle doit se faire avec un accompagnement social. Quelques jours avant le 17 novembre 2018 – premier samedi des Gilets jaunes –, plusieurs associations se mobilisent pour écrire un manifeste commun en réaction aux

1. François de Rugy, *Du pouvoir, des homards... mais surtout de l'écologie !*, *op. cit.*

rassemblements à venir. FNH, WWF ou I4CE font partie des nombreux signataires[1]. Lors d'une conférence de presse, ils défendent la nécessité de « taxer la pollution, en accompagnant les ménages dans la transition écologique ».

Léo Cohen, alors conseiller spécial de François de Rugy, nous raconte cet épisode de grande instabilité politique. « On a perçu tout de suite le danger de cette taxe carbone. Tout le monde reconnaissait que l'idée était la plus efficace pour lutter contre le changement climatique, mais on n'a pas vu le risque d'une mobilisation globale. C'était davantage une crise démocratique, sociale, territoriale et de pouvoir d'achat qu'une crise écologique. » Alors que les Gilets jaunes prennent de l'ampleur et qu'ils arrivent à leur quatrième samedi de mobilisation, la peur gagne tout le gouvernement. « Il y a eu un moment de flottement. On ne savait plus si la taxe carbone allait tenir. Le vendredi soir, je reçois un texto du chef de cabinet qui me dit : "Merci de quitter le ministère en emportant votre ordinateur et des documents confidentiels. On risque d'être pris d'assaut par les manifestants." Quand tu reçois ce message, tu te demandes si la République va tenir. En plus, il n'y avait plus de signal téléphonique à l'Élysée, personne ne répondait, ils semblaient barricadés. Il y a eu un moment de sidération où on attendait de voir les impacts, notamment institutionnels.

1. Rémi Barroux, « "Gilets jaunes" : les ONG environnementales comprennent mais ne soutiennent pas », *Le Monde*, 15 novembre 2018.

C'était quasiment une crise de régime. On était seuls au monde[1]. »

Le ministre et son équipe sont les premiers à rencontrer une délégation de Gilets jaunes. Parmi la dizaine de membres à l'échelon national, ils choisissent Priscillia Ludosky et Éric Drouet, figures fortes du mouvement. « Les préfectures sont sens dessus dessous parce que personne n'a d'information sur leurs profils. Habituellement, on ne fonctionne pas du tout comme ça dans les ministères. »

Quand on demande à Léo Cohen qui donne les consignes pour cette rencontre, la réponse est simple : « Personne. C'est désorganisé. On est dans de la gestion en direct. C'est d'ailleurs nous qui proposons une rencontre aux Gilets jaunes. Ce n'est pas le président qui nous la demande, même si c'est validé par l'Élysée. Ma sensation était celle d'une forteresse assiégée. On n'avait plus de son, plus de lumière, et on attendait une ligne.[2] »

La rencontre ne se passe pas comme prévu. Pendant l'entretien, Éric Drouet filme, avec un téléphone caché dans sa poche, un live Facebook, à l'insu du gouvernement. Sur la vidéo de 1 h 12, toujours disponible en ligne, on retrouve François de Rugy, Brune Poirson, Léo Cohen et d'autres collaborateurs face aux deux Gilets jaunes, adossés à une table garnie de petits fours. « On voyait nos têtes en live tout le long. Je pourrais vous envoyer

1. Entretien avec Léo Cohen, avril 2021.
2. *Ibid.*

des captures d'écran du live, mais ça se résumait à "Crevez-les, ces chiens", "Ils sont payés des fortunes à rien faire" ou encore "Regarde-moi cet enfoiré qui regarde son portable, ils se moquent de vous".[1] »

A posteriori, Léo Cohen admet qu'il manquait tout un pan social à l'écotaxe. « Elle était dénuée de mesures compensatoires, notamment pour les principales victimes, les travailleurs qui font 30 bornes matin et soir et n'ont pas les moyens de s'acheter une voiture électrique. On aurait dû envisager une taxe carbone redistributive, qui reverse une partie des recettes aux Français[2]. »

Le directeur général de I4CE, Benoît Leguet, la considère comme le pire projet de taxation écologique proposé, car simplement punitive : « Quand on regarde la fiscalité qui s'applique à l'heureux propriétaire d'une voiture, il y a 90 % prélevés au moment du plein à la pompe et 10 % lorsqu'il choisit un véhicule plus ou moins émetteur. On lui dit : "Tu vas habiter à 30 km de là où tu bosses parce que le foncier est moins cher et que tu es sous-payé. Tu t'offres une voiture sans tenir compte du CO_2, t'achètes un pavillon à crédit avec jardin, et tu t'endettes à fond les ballons." Ensuite, on augmente le prix de l'essence. Chaque semaine, il va le voir en faisant le plein. Il râle mais se dit qu'il n'a pas le choix, qu'il est coincé. Quelle est son option ? Prendre les transports en commun ? Il n'y en a pas. Démissionner pour se rendre près de son de

1. *Ibid.*
2. *Ibid.*

travail ? Vendre son pavillon pour se rapprocher ? Impossible. Que peut-il faire ? Du covoiturage ? Racheter une voiture neuve moins polluante ? Faire les 25 premiers kilomètres en voiture puis les 5 kilomètres qui restent à pied, mais ça ne change rien[1]. »

De nombreuses tribunes sont rédigées. Un collectif issu des luttes de territoire et des ZAD (zone à défendre) exhorte les écologistes à ne pas regarder les Gilets jaunes « en surplomb » mais à « construire une écologie sociale sur les barricades. » La célèbre ONG Attac s'en mêle également et dénonce un manque de lien entre justice sociale et justice climatique. Dans les cortèges, certains panneaux apparaissent avec des slogans prônant l'écologie solidaire. « Fin du mois, fin du monde même combat ! » Petit à petit, les revendications des Gilets jaunes incluent des thèmes écologiques, même si la priorité reste le pouvoir d'achat. Un nouvel exemple qui démontre qu'écologie doit forcément rimer avec justice sociale et ne pas seulement s'adresser à des populations urbaines qui ont la chance de prendre le métro ou le bus pour aller au travail. Ce soulèvement national connaît une longévité historique : trente-trois samedis consécutifs. Les ONG ayant lutté pour cette taxe se remettent alors en question. Jean-François Julliard, président de Greenpeace, parle d'un tournant dans le monde associatif : « On a été obligés de reprendre certaines de nos mesures et d'interroger leur impact sur les Français. Aujourd'hui, c'est indispensable. Chacune de nos demandes doit

1. Entretien avec Benoît Leguet, mars 2021.

s'accompagner de contreparties sociales. Dans tous les domaines : le changement de régime alimentaire, la réduction de la place de la voiture, la fermeture de sites industriels… Évidemment, on n'a pas découvert l'injustice sociale et la précarité cette année-là, mais on intègre désormais systématiquement ces enjeux dans nos propositions. »

Les Gilets jaunes ne se considèrent pas moins écolos que le reste de la population. « Pourquoi me sanctionne-t-on alors que je pars travailler tous les jours, que je paye mes impôts et je n'embête personne ? » hurlent les manifestants au micro des chaînes d'info en continu tous les samedis. Noël Mamère, ancien député et eurodéputé écologiste, prône depuis plusieurs années l'écologie populaire. « Les victimes d'injustice sociale sont les premières victimes d'injustice environnementale. Les deux marqueurs de la pauvreté dans ce pays sont le diabète et l'obésité. À quoi est-ce dû ? À la malbouffe, donc aux produits transformés et à une agriculture qui tue les paysans, l'environnement et notre santé. Il faut expliquer aux victimes de ces maladies qui coûtent cher à la société qu'il serait moins coûteux de s'orienter vers une agriculture plus respectueuse de l'environnement et de la santé. Le système actuel est punitif. L'écologie est normalement faite pour lutter contre ces inégalités[1]. »

Interpellés par cette révolte, 70 sociologues, politistes et géographes ont répondu, en 2018, à l'appel du centre Émile Durkheim (CNRS-Sciences

1. Entretien avec Noël Mamère, décembre 2021.

Po Bordeaux) et lancé un ambitieux projet de recherche. Le but : mieux comprendre et appréhender ce mouvement. Sur l'ensemble du territoire, dans les manifestations comme sur les ronds-points, plus de 1 300 Gilets jaunes ont répondu à ce questionnaire. Ces entretiens révèlent que l'écologie est une priorité pour la majorité d'entre eux.

Plus d'un sondé sur dix estime que « ce n'est pas à lui de payer », qu'« il faudrait que la taxe sur les carburants aille vraiment à l'écologique », mais aussi que l'écologie, « c'est pour ceux qui ont les moyens ».

Mais l'expression « écologie punitive » est devenue l'excuse des anti-écolos pour dire non. Dès qu'une mesure, interdiction, régulation ou taxe est proposée, même si cette elle est accompagnée d'aides à la transition écologique, une levée de boucliers (bien souvent de la part des lobbies) se fait contre un manque de liberté individuelle. L'utilisation de cette formule est une erreur qui colle à la peau de l'écologie. Lorsque le prix des cigarettes augmente, les fumeurs râlent, mais personne ne parle de prévention punitive. L'écologie pâtit encore d'une image moralisatrice. Aussi bien auprès des hommes et femmes politiques que des citoyens. « C'est Ségolène Royal qui a utilisé cette expression la première fois, pendant la révolte des Bonnets rouges. Quand on oblige les parents à mettre leurs enfants à l'école dès l'âge de 3 ans, on ne parle pas d'éducation punitive. Il y a une bataille culturelle à mener[1] », affirme Léo Cohen.

1. Entretien avec Léo Cohen, avril 2021.

Comment aurait-on pu éviter la crise des Gilets jaunes ? « Il faut un bonus-malus, en laissant le choix aux gens sur la voiture qu'ils veulent acheter. Si vous voulez un gros SUV qui pue, vous aurez un malus de 10 000 euros et sur les petites voitures, vous aurez un bonus.[1] » affirme Benoît Leguet, du *think tank* I4CE.

Le projet, expérimenté en 2008, n'a pas fait ses preuves. « Cela devait être une politique neutre. Le malus devait payer pour le bonus. Ça ne s'est pas passé comme ça », selon Nathalie Kosciusko-Morizet. En effet, la majorité des Français se tourne vers les véhicules propres pour profiter du bonus et le projet est victime de son succès. En incitant les acheteurs à basculer vers des motorisations moins polluantes, l'objectif de diminution des émissions de CO_2 est atteint. Mais le projet est un échec financier. De 2008 à 2011, le bonus-malus a cumulé 1,46 milliard d'euros de déficit. L'État pensait atteindre un équilibre entre les achats de véhicules propres et ceux de véhicules polluants, cela n'a pas été le cas. « Les gens se sont déplacés vers des véhicules plus verts parce qu'il y avait un mouvement de société[2] », raconte l'ancienne ministre.

Cet épisode montre le décalage entre les aspirations de la société et la perception des administrations, beaucoup plus conservatrices. Le ministère de l'Économie avait pourtant tout calculé en étudiant le marché de l'automobile sur les dernières années.

1. Entretien avec Benoît Leguet, mars 2021.
2. Entretien avec Nathalie Kosciusko-Morizet, avril 2021.

Le bonus-malus devait être un cycle vertueux. « Leur démonstration était absolument parfaite sur la base de tendances historiques passées. J'ai encore, dans mes archives, des écrits où je leur explique : "Ce système nous convient, c'est très avantageux, mais ça va être déséquilibré financièrement parce que vous ne comprenez pas ce qui est en train de se passer dans la société" », affirme Nathalie Kosciusko-Morizet.

Si les Français sont prêts pour l'écologie et que les politiques le sont moins, pourquoi ne pas les impliquer dans le processus démocratique ? C'est ce qu'ont imaginé des membres de La République en Marche pour tenter de contenir le mouvement des Gilets jaunes.

En décembre 2018, alors que les manifestations battent leur plein, Emmanuel Macron propose l'organisation d'un Grand Débat national. Inspiré par le mouvement des Gilets citoyens qui demandent le lancement d'une assemblée citoyenne, il annonce la création de la Convention citoyenne.

Elle est constituée en octobre 2019. 150 citoyens tirés au sort, âgés de 16 à 80 ans, doivent définir les mesures pour réduire, dans un esprit de justice sociale, les émissions de gaz à effet de serre d'au moins 40 % d'ici 2030. Leurs travaux sont articulés autour de cinq thèmes : se nourrir, se loger, se déplacer, consommer, produire et travailler.

Neuf mois plus tard, les 150 membres de la Convention citoyenne accouchent de 149 propositions. Une seule est écartée et trois d'entre elles sont retenues pour être soumises à référendum. Celle rejetée souhaite taxer de 4 % les dividendes dans les entreprises qui en distribuent plus de 10 millions annuels, pour financer la transition écologique.

Emmanuel Macron reçoit les participants à l'Élysée et leur annonce les trois mesures rejetées : l'abaissement de la vitesse sur les autoroutes à 110 km/h, l'instauration d'une taxe de 4 % sur les dividendes des entreprises pour financer la transition écologique et la réécriture du préambule de la Constitution pour placer l'environnement au-dessus des autres valeurs fondamentales. Les propositions seront soumises au Parlement ou à référendum et transposées dans le projet de loi intitulé Climat et résilience.

Quelques jours après cette annonce, le ministre de l'Économie, Bruno Le Maire, se positionne contre l'abaissement de la TVA sur les billets de train. Le gouvernement annonce également le lancement d'enchères d'attribution des fréquences 5G alors que la Convention citoyenne recommandait un moratoire. Au fil des semaines, l'exécutif continue à exprimer son scepticisme face à certaines propositions de la Convention citoyenne pour le climat.

Le projet de loi Climat et résilience reprend près de la moitié des propositions des 150. Le texte est cependant jugé très éloigné de l'ambition initiale. Lors de sa dernière session, la Convention citoyenne a évalué si les décisions gouvernementales allaient permettre d'approcher la réduction d'au moins 40 % des émissions de gaz à effet de serre d'ici 2030. La majorité des membres a jugé que non, avec une note moyenne de 2,5 sur 10.

Plusieurs d'entre eux appellent à un rassemblement pour « une vraie loi climat ». Le 28 mars 2020, près de 620 organisations marchent pour dénoncer le manque d'ambition du projet de loi et le dévoiement des propositions des citoyens. De son côté, le gouvernement affirme que 75 des 146 mesures sont déjà mises en œuvre et 71 d'entre elles sont sur le point d'être votées, dans le cadre d'autres projets de loi comme le plan de relance économique.

Léo Cohen, membre du comité de gouvernance de la Convention citoyenne pour le climat, a suivi et imaginé le projet de A à Z. Il en est extrêmement fier, malgré les critiques. « On est parvenu à embarquer les gens dans un récit collectif. Vous qui vous sentez menacés, si vous venez avec nous, vous ne ferez qu'un, vous deviendrez des héros de la transformation du pays. On vous redonnera un rôle dans le collectif. Vous allez améliorer vous-même vos conditions de vie[1]. »

Pour lui, ce projet est également un moyen pour les citoyens de réaliser l'ampleur du travail et la difficulté que peuvent rencontrer le ministre de l'Écologie et les députés au quotidien. « C'est peut-être la solution pour réconcilier la société et les élites politiques. Les citoyens se mettent dans la complexité de la décision politique, découvrent les contraintes et les résistances. Par exemple, fermer la centrale à charbon de Saint-Avold implique la suppression de 800 emplois. La réalité n'est pas aussi simple qu'elle paraît. Faire entrer les Français dans la cuisine de la politique est le

1. Entretien avec Léo Cohen, avril 2021.

message le plus puissant. À la fin, ceux qui ont fait cet exercice disent que ce n'est pas si simple. »

Je le relance : est-ce que... « Est-ce que cette initiative servait simplement à maquiller un mandat écolo décevant ? »

« Tout le monde veut plus d'écologie, sauf quand ça nous concerne. À chaque fois qu'une mesure modifie d'un centimètre le *statut quo*, on se heurte à la règle des trois pas : pas ici, pas comme ça et pas maintenant. Tout le monde a toujours une bonne raison de dire non. Il y avait une formule : derrière chaque niche, il y a un chien qui est prêt à mordre. C'est pareil derrière chaque proposition écologique », répond Léo Cohen.

Benoît Leguet, directeur général de l'I4CE, a accompagné les participants de la Convention citoyenne pour le climat. Il a été étonné de l'évolution de leur mode de pensée : « Sur les 150, il y avait peut-être 30 écolos et 20 climato-sceptiques, les autres étaient des agnostiques, ils n'avaient pas vraiment d'avis sur le sujet. Finalement, les 149 propositions forment un ensemble cohérent. Ils se sont posé des questions à la fois sur ce qu'ils voulaient faire et sur ce qu'ils pouvaient faire.

Au début, ils étaient là en touristes, puis ils ont commencé à bosser. À la fin, j'avais l'impression d'avoir 150 écolos, pas au sens Europe Écologie Les Verts mais 150 personnes qui se disent qu'il faut prendre en compte le climat dans la décision[1]. »

Mais côté Parlement, le point de vue est plus mitigé. Certains ont considéré cette Convention

1. Entretien avec Benoît Leguet, mars 2021.

comme une prise de risque considérable et une mise en scène pour démontrer que les députés et sénateurs étaient remplaçables. « Les citoyens ont fait un super travail, mais pas législatif. Ils n'ont pas vu les experts, les ONG, les fonctionnaires du ministère ou même le Medef.[1] » Cela n'a pas empêché les lobbies de s'en mêler. Ils ont même mené une véritable guerre de l'ombre pour détricoter les propositions. L'Observatoire des multinationales a publié un rapport[2] qui retrace « l'offensive acharnée » des secteurs les plus concernés par les propositions de la Convention citoyenne pour le climat comme l'automobile, l'aérien, l'agrochimie ou encore la publicité.

Guillaume Garrot, ancien ministre de l'Agroalimentaire sous François Hollande, rit doucement de la Convention citoyenne qu'il voit comme un échec cuisant, en plus d'une insulte pour le métier de parlementaire. « Les citoyens ont été actifs. Ils ont été formés. Mais je n'étais pas pour reprendre les propositions telles quelles. Cela voudrait dire que le politique ne sert plus à rien. Le rôle du législateur est de mesurer ce que les citoyens ont exprimé et d'y donner une traduction politique. On ne peut pas les reprendre *in extenso* car on crée forcément de la déception. La démocratie participative ne doit pas être la négation de la démocratie représentative[3]. »

---

1. *Ibid.*
2. Observatoire des multinationales, « Lobbys contre citoyens : qui veut la peau de la convention climat ? », 2021.
3. Entretien avec Guillaume Garrot, juillet 2021.

Si ce projet a permis de mettre pendant plusieurs mois sur le devant de la scène l'écologie, il s'agissait finalement plus d'un coup de com que d'une véritable transformation politique. Et les premiers déçus sont les participants. La communication est le meilleur moyen de s'acheter une vertu et de redorer son blason. Souvent exposées aux discours de communication, les ONG ont pu observer les différentes pratiques selon les ministres. Les plus adeptes de la communication sont souvent les moins ouverts à la discussion. « On a vu François de Rugy une seule fois. C'était extrêmement tendu et difficile. Il était très critique sur notre communication. Il trouvait qu'on était trop à charge contre lui et son ministère. Il est toujours très préoccupé par son image, ce qu'on peut raconter sur lui dans les médias ou sur les réseaux sociaux[1] », nous confie le directeur général de Greenpeace.

Une autre ONG, qui tient à rester anonyme, regrette cette obsession pour la communication de la part des ministres de l'Écologie. « Ségolène Royal était dans cette approche. C'est la femme politique par excellence, elle a bien intégré que le bilan d'un ministre n'est pas dans ce qu'il aura réellement fait mais dans ce qui aura été relayé par les médias. Sa première question quand on soumettait un sujet était : "Quel est son potentiel médiatique ?" » C'est donc avec son administration que devaient traiter la plupart des ONG qui tentaient de la voir plus d'une dizaine de minutes.

1. Entretien avec Jean-François Julliard, mars 2021.

7.

Les ministres passent, les hauts fonctionnaires restent

« Quand vous arrivez, il y a ce qu'on appelle un dossier ministre. C'est un truc énorme constitué par l'administration avec toutes les références à connaître sur vos sujets. C'est le même quel que soit le ministre qui arrive. »

Nathalie Kosciusko-Morizet,
ancienne ministre de l'Écologie[1]

1. Entretien avec Nathalie Kosciusko-Morizet, avril 2021.

« J'ai toujours souhaité travailler dans la protection de l'environnement. Aujourd'hui en poste à l'Agence de l'eau, je mets en œuvre une politique de préservation des milieux aquatiques. Nous accompagnons des projets ambitieux de restauration des cours d'eau pour répondre aux préoccupations de la société (dérèglement climatique, perte de biodiversité). Je vous en conjure, donnez-nous plus de moyens au lieu de les diminuer pour mener à bien nos missions d'intérêt général. » Dans un livret paru en 2019[1], une centaine d'agents du ministère de l'Écologie dénonçaient leurs conditions de travail. Toutes ces citations ont été réunies par un mouvement intersyndical au nom explicite, « Make notre ministère great again », en référence à une citation d'Emmanuel Macron, « *Make our planet great again* », inspirée du célèbre slogan de l'ancien président américain, Donald Trump, « *Make America great again* » (rendre sa grandeur à l'Amérique). À la lecture de ces témoignages, on se dit que la Cocotte-Minute peut exploser à tout moment.

1. *Paroles d'agent·es*, livret distribué en interne par l'intersyndicale du conseil de défense du ministère de l'Écologie, 2019.

Climat, énergie, protection de l'eau et de la biodiversité, entretien des infrastructures de transport, logement et rénovation urbaine, prévention des risques naturels. Voici quelques-unes des compétences du ministère de l'Écologie. Plusieurs dizaines d'établissements publics sont sous sa tutelle. Parmi ces organismes, se trouvent les agences de l'eau, Météo France, les parcs nationaux français ou encore l'ONF. Dispersés dans toute la France, leurs agents dépendent du ministère pour les missions, le budget ou les effectifs. Alors même que l'écologie devient une question prioritaire, il n'y a jamais eu aussi peu d'agents. Régulièrement, leurs services subissent des réorganisations. Isabelle Robert travaille depuis plus de vingt ans au syndicat CGT de l'administration centrale du ministère. « En huit ans, nous avons perdu près d'un tiers de nos effectifs. Les personnels ne savent pas à quelle sauce ils vont être mangés[1]. » L'écologie décroche la palme d'or des pertes d'emploi : – 3,7 % entre 2014 et 2015, – 2,9 % entre 2015 et 2016, loin devant tous les autres ministères. Ce sont 55 000 emplois de moins entre 1998 et 2016 pour assurer les missions ayant trait à l'écologie, le développement durable et l'énergie selon la direction générale de l'administration et la fonction publique elle-même. Difficile de remplir des objectifs ambitieux comme la réduction des émissions de gaz à effet de serre quand, dans le même temps, on réduit les équipes. Un constat qu'approuve l'ancienne ministre, Delphine Batho : « Pour exercer les

1. Entretien avec Isabelle Robert, septembre 2021.

compétences du ministère de l'Écologie, dans un contexte où les problèmes vont s'aggraver, il faut des moyens humains.[1] »

« On nous dit de faire mieux avec moins pour baisser les dépenses publiques. Pourtant, ajoute-t-elle, les agents sont de plus en plus performants. La performance des politiques, elle, reste à prouver. Quand on supprime trois ou quatre politiques publiques, est-on plus performant[2] ? » s'interroge Delphine Batho.

Dans un article de *Reporterre*, plusieurs fonctionnaires – restés anonymes par peur des représailles – se confient sur leurs conditions de travail.

« J'ai vécu le suicide d'un collègue avec son arme de service sans que ça préoccupe personne... Si vous persévérez dans cette attitude, attendez-vous à une vague comme chez Orange... » Parmi la multitude de témoignages recueillis à l'occasion de « Make notre ministère great again », ce témoignage se détache tout particulièrement. Isabelle Robert énumère les derniers suicides en date, en comptant sur ses doigts : « On a eu un suicide dans une DDET[3], un à VNF[4], deux à l'OFB[5] avec armes de service. Certains laissent des lettres. On a beaucoup de *burn-out* aussi. »

Même son de cloche du côté de l'ONF. Depuis 2005, une cinquantaine de forestiers se sont donné

---

1. Delphine Batho, « La religion de la croissance économique ? », art. cit.
2. Entretien avec Delphine Batho, septembre 2021.
3. Direction du développement et de l'équilibre des territoires.
4. Voies navigables de France.
5. Office français de la biodiversité.

la mort, également avec leur arme de service ou sur leur lieu de travail. Un scénario qui rappelle celui de chez France Télécom. Sans parler des fameuses suppressions de postes. En vingt ans, l'ONF a perdu environ 5 000 emplois, soit quatre postes sur dix.

En 2019, Mathilde Panot, députée de La France insoumise, a rédigé un rapport sur les moyens du ministère de la Transition écologique et solidaire. Elle recueille depuis plusieurs années des témoignages d'agents d'État. Parmi eux : « J'ai fait un *burn-out*. Pas celui où l'on travaille trop, pensez-vous, à l'écologie sous Macron – mais un *burn-out* de manque de sens dans mon travail. Je voulais parler de permaculture, de résilience locale, ou de collapsologie. À la place, on me demande de serrer des mains, de me réjouir des verres qui remplacent des gobelets en plastique, d'organiser l'étape du tour de France, des ODD[1] dans ma région[2]. » « Il y a une souffrance énorme des fonctionnaires. Ils ont choisi ce ministère parce qu'ils croyaient à l'action de l'État. Tous les gens qui sont au ministère ou dans les agences représentent une expertise humaine indispensable pour mener des politiques écologiques dignes de ce nom. On les casse, on les pousse à aller vers le privé. Ils sont précarisés. Entre le début et la fin du mandat d'Emmanuel Macron, on va être à 10 000 postes supprimés, c'est énorme. Énorme ! » s'emporte la députée LFI.

1. Objectifs de développement durable.
2. Entretien avec Mathilde Panot, septembre 2021.

Ces suppressions mènent à des cadences de travail infernales pour les agents. Ils sont de plus en plus nombreux à subir et dénoncer un stress permanent. Certains n'hésitent pas à parler d'épidémie de *burn-out* dans les équipes.

Si on imagine aisément la souffrance des agents, on pense moins aux hauts fonctionnaires. Ils sont pourtant les premiers à être en contact avec le ministre. En quelques années, cette administration est passée de quelques dizaines de hauts fonctionnaires à des centaines aujourd'hui. Corinne Lepage, ministre de 1994 à 1997, a vécu cette évolution : « J'étais dans un petit ministère, cela permettait d'avoir un lien direct avec mon administration. Je réunissais mes directeurs toutes les semaines, avec un cahier d'écolier. Je notais ce que je leur demandais et ce qu'ils me répondaient[1]. » Aujourd'hui, l'administration est si imposante que le ministère de l'Écologie ressemble à une fourmilière ayant investi la tour Séquoia, de plus de 33 étages et 72 000 mètres carré de surface à la Défense. Éloignée du bureau du ministre, elle est le cœur de la machine. Cette force de frappe peut également être source d'éparpillement.

C'est sous Nicolas Sarkozy que le ministère prend une autre dimension. Dès 2007, il devient un « super ministère » sous l'égide de Jean-Louis Borloo. « Avec sa taille actuelle, ce serait complètement impossible. Je ne vais pas commenter la relation de Mme Pompili avec ses directions, mais elle ne peut pas suivre ce que font tous ses directeurs. Une quarantaine, c'est trop », rappelle Corinne Lepage.

1. Entretien avec Corinne Lepage, mars 2021.

Ce qui s'appelle l'Écologie est en réalité la fusion de trois ministères : l'Écologie, l'Équipement et l'Industrie. Mais c'est le mariage de la carpe et du lapin, c'est-à-dire des entités qui ne peuvent pas s'entendre. « Le fait que celui de l'Environnement ait fusionné avec deux autres ministères désignés à l'époque comme ses frères ennemis change profondément cette institution[1] », souligne Emmanuel Martinais, ingénieur et géographe. En effet, l'Écologie s'est battue pendant des années contre les deux autres. « L'Équipement s'occupe de poser des infrastructures sur le territoire et l'Industrie, d'implanter des entreprises qui, en général, portent atteinte à l'environnement », déclare Emmanuel Martinais. Au détour d'une conversation avec un conseiller haut placé de la ministre de l'Écologie, un lapsus lui échappe : « On sait tous qu'on n'arrivera jamais à vraiment changer les choses… enfin, je veux dire, on sait que c'est difficile et on essaye tout de même. » Si même les hauts fonctionnaires n'y croient plus, comment espérer un changement ?

Un ministre doit s'entendre avec son administration et la comprendre. Elle est là pour l'aider à travailler plus efficacement. 52 000 personnes[2] œuvrent chaque jour en ce sens. Elles négocient les budgets avec Bercy et les distribuent selon les ordres de priorité, organisent les rencontres avec les parties extérieures, mettent en place les politiques votées. Par exemple, si un projet interdit un certain type de

1. Entretien avec Emmanuel Martinais, juin 2021.
2. Insee, 2018.

chasse, l'administration rédige l'arrêté. Elle est dans l'ombre du ministre.

Parfois, cette ombre n'est pas toujours très bien accueillie ou comprise par les ministres. Ainsi, Delphine Batho, en poste de juin 2012 à juillet 2013, a tendance à vouloir tout vérifier. Un choix qui peut paraître réfléchi, mais qui s'avère contre-productif. Car, avec des dizaines de milliers d'agents, difficile de pouvoir tout contrôler. Selon Emmanuel Martinais, cette méthode de la ministre en a froissé plus d'un : « Elle n'était pas appréciée de son administration. N'importe quelle décision prenait un temps infini avant d'être validée par le cabinet et la ministre parce qu'il n'y avait pas de processus de délégation. Du point de vue des agents, cette exigence a paralysé le fonctionnement de l'administration centrale. » De son côté, Delphine Batho se plaignait également de la lenteur de son administration. « Des choses simples prennent des proportions incroyables, comme si la France était devenue le royaume de l'enquiquinement administratif[1]. »

En 2021, deux anciens directeurs de cabinet du ministère, Philippe Ledenvic et Bettina Laville, s'interrogent dans une revue sur le profil idéal d'un bon ministre de l'Écologie[2]. Doit-il être éloigné du monde politique (et plus proche de l'écologie) pour avoir une exigence accrue, ou à l'inverse connaître

1. Delphine Batho, *Insoumise, op. cit.*

2. Bettina Laville et *al.*, « Quand visions de l'État et de l'environnement se croisent, le ministère de l'impossible devient celui du possible », *Revue française d'administration publique*, 2021, vol. 179, p. 553-570.

sur le bout des doigts les rouages politiques pour mieux les déjouer ? « Nicolas Hulot démissionne très certainement pour des raisons politiques, mais pas seulement, il n'est pas à l'aise dans son ministère : il n'est pas dans son milieu ; il ressent un grand décalage entre son ministère et lui. Il n'a pas d'interlocuteur qui parle le même langage que lui. » En effet, de nombreux intervenants rencontrés durant cette enquête se mettent tous d'accord sur un point : Nicolas Hulot n'a jamais réussi à s'accorder avec ses troupes.

Si Nicolas Hulot a côtoyé et conseillé pendant longtemps des chefs d'État, il découvre, en tant que ministre, le monde politique de l'intérieur. Il a alors beaucoup de mal à gérer son administration. La présence de ces hauts fonctionnaires crée un complexe d'infériorité chez certains ministres, en particulier chez ceux issus de la société civile. Pour Corinne Lepage, « les collaborateurs de Nicolas étaient polytechniciens, du corps des Mines, alors que lui n'était que bachelier. Ils savaient tout et lui ne savait rien. Il a pensé que sa notoriété suffirait. En plus, il a cru qu'il n'avait pas besoin des autres pour l'aider. C'était une erreur[1] ».

Pourtant, ce manque d'expérience lui a permis de prendre des décisions uniques. Par exemple, il a choisi d'exposer la Direction générale de l'énergie et du climat (DGEC) à des contradicteurs. Jean-François Julliard de Greenpeace se souvient : « Nicolas Hulot a fait une chose audacieuse, jamais

1. Entretien avec Corinne Lepage, mars 2021.

vue dans une réunion inter-associative : il a réuni les ONG, ses conseillers du cabinet et Laurent Michel, directeur général de l'énergie et du climat. Il nous a dit : “Je l'ai convoqué pour qu'il entende en direct vos messages, sans passer par moi, et qu'il vous réponde en direct.” C'était plutôt intéressant. Généralement, on ne rencontre pas ces gens-là. Ils ont peu de temps et ne sont pas là pour discuter avec des associations[1]. »

Un ministre doit s'adapter rapidement à la technicité des dossiers. *Idem* pour ses équipes. Léo Cohen raconte : « Le deuxième jour, on convoque tous les directeurs d'administration. On leur dit : une loi de la biodiversité est en préparation, vous prenez tous les sujets de votre administration, et vous nous en parlez de A à Z. J'étais assez jeune. J'avais 26 ans. J'ai compris deux choses. La première : il va falloir jouer des coudes pour imprimer notre patte politique. La deuxième : pour avoir une chance de remporter des arbitrages, il faut maîtriser les sujets à la perfection. En face, il y a des ingénieurs dont on comprend un dixième du discours. Pour autant, il ne faut pas abdiquer et tenter de parler la même langue pour être capable d'imposer sa vision[2] » raconte Léo Cohen.

Mais un ministre trop « technique » ne semble pas forcément être la solution idéale, selon Bettina Laville, ancienne directrice de cabinet du ministère de l'Écologie. À l'inverse de Nicolas Hulot, « Élisabeth Borne incarne la fonctionnaire des Ponts,

1. Entretien avec Jean-François Julliard, mars 2021.
2. Entretien avec Léo Cohen, avril 2021.

compétente sur les transports, avec une parfaite expérience de l'administration, et qui a lancé de nombreux chantiers ; mais peu appréciée du "milieu" écologique. Son ministère la respectait, sans affection. Elle n'avait pas les mots-clés de l'écologie[1] ». Nicolas Hulot représentait l'écologie aux yeux du grand public, mais pas son ministère. Pour Élisabeth Borne, c'est l'inverse, elle incarnait le ministère mais pas l'écologie. Ce qui explique qu'elle ait été remplacée par Barbara Pompili, ancienne membre du parti Europe Écologie Les Verts. Même si celle-ci est issue d'une formation dans un institut d'études politiques[2].

Les administrations ont peu d'exposition médiatique, gage de leur longévité. D'après Emmanuel Martinais, cela renforce aussi leur pouvoir envers leur ministre. « Les fonctionnaires viennent souvent des Mines, donc ils pensent de la même manière dans différents grands corps d'État ou le secteur privé[3]. » Il estime également que « ce corps des Mines continue avec succès à faire la politique nucléaire en France, continue à imposer ses façons de voir. Depuis longtemps, il porte ce secteur et contribue à sa reproduction. Il pérennise cette industrie ». En effet, issus des Mines, des Ponts et Chaussées ou encore de l'ENA, les hauts fonctionnaires du ministère de l'Écologie jouissent d'une relative autonomie. Ainsi, la DGEC en est issue et détermine la politique

1. Bettina Laville et *al.* « Quand visions de l'État et de l'environnement se croisent, le ministère de l'impossible devient celui du possible », art. cit.

2. Sciences Po Lille.

3. Entretien avec Emmanuel Martinais, juin 2021.

énergétique de la France. « Ils étaient très bons, je me suis bien entendu avec eux. Ils ont bien compris l'effet de serre, mais se prenaient très au sérieux. On ne rigolait pas avec eux[1] », me raconte Brice Lalonde, nostalgique de son l'époque où il était ministre.

Ce dernier défend pour sa part la création d'un corps de fonctionnaires propres à son ministère. Ce qui peut paraître un simple détail technique n'en est pas un. « Souvent, le ministre de l'Écologie se sent comme un arbre poussant sans racines. Car au sein de l'appareil d'État, les anciens de Polytechnique devenus ingénieurs des Mines ou des Ponts règnent sur les sujets et les postes liés à l'environnement et ne partagent pas toujours les orientations ou la culture du ministre.[2] » Pour le député écologiste et ingénieur Matthieu Orphelin, « la formation des fonctionnaires évolue mais ce n'est pas assez rapide. C'est un problème générationnel dans la haute administration. Les directeurs ont plutôt la cinquantaine et n'ont pas la même vision que la jeune génération[3] ».

L'administration centrale est loin d'être invincible. Comme pour les agents, les hauts fonctionnaires du ministère ont perdu un tiers de leurs effectifs en huit ans. Ils ont l'impression que leurs notes ne sont jamais lues et ils sont de plus en plus nombreux à se plaindre de leurs conditions de travail. Marina, dont le prénom a été modifié, travaille actuellement au ministère : « Ces derniers temps, les décisions prises

1. Entretien avec Brice Lalonde, août 2021.
2. Arthur Nazaret, *Une histoire de l'écologie politique*, *op. cit.*
3. Entretien avec Matthieu Orphelin, août 2021.

vont complètement à l'encontre de nos conseils, de notre travail sur la transition écologique. »

L'actuelle ministre, Barbara Pompili tente d'expliquer ces baisses d'effectifs par le budget. « On a eu une baisse très forte des moyens du ministère de la Transition écologique, corrélée avec les baisses de moyens d'autres ministères. Mais c'est vrai qu'on a toujours demandé beaucoup d'efforts au ministère de la Transition écologique. Pour la première fois, j'ai réussi à inverser la courbe. On perdait 1 200 agents par an. Cette année, j'ai sauvé 850 postes. Aujourd'hui, on en perd 350. On a besoin de plus de monde pour faire la transition écologique. Je continue de convaincre que mes successeurs peuvent en profiter[1]. » Mais quoi qu'en dise la ministre, le nombre d'agents chute toujours d'année en année.

« Nous sommes nombreux à être entrés au ministère avec plein de rêves et une grande responsabilité. Aujourd'hui, nous sommes très peu à penser que l'on peut changer quoi que ce soit », affirme, dépitée, Marina. Aux yeux de cette jeune femme hautement diplômée, le travail institutionnel est incapable d'endiguer la crise climatique. Dans un article de *Reporterre* en 2021[2], plusieurs hauts fonctionnaires témoignent de leur impuissance au ministère de l'Écologie. Certains vont jusqu'à soutenir des mouvements de désobéissance civile comme Extinction rébellion. Dégradation de trottinettes électriques, infiltration à

1. Entretien avec Barbara Pompili, décembre 2021.

2. « Au ministère de l'Écologie, les fonctionnaires souffrent et constatent leur impuissance », *Reporterre*, 23 avril 2021.

un défilé Louis Vuitton, *sittings* devant le ministère de l'Écologie : « Je trouve leur action contre nous justifiée : on fait trop peu par rapport à ce qu'on pourrait, y compris avec la même quantité d'argent, lâche une jeune femme à *Reporterre*. Les ZAD, voilà ce qui pourrait faire changer le cap des gouvernants. Faute de réel contre-pouvoir, l'administration demeurera impuissante. »

La jeune femme se souvient particulièrement du jour où elle a dû défendre devant le Conseil d'État un texte sur les espèces protégées, avec lequel elle était en total désaccord : « J'ai gagné, mais j'en aurais pleuré. » Mais il arrive parfois que les associations obtiennent gain de cause. En juillet 2020, le Conseil d'État avait ordonné au gouvernement d'agir pour améliorer la qualité de l'air dans plusieurs zones, sous peine d'amende (10 millions d'euros par semestre de retard). Les quelques mesures prises ont été jugées insuffisantes et l'État a dû payer 10 millions d'euros pour le premier semestre 2021 à l'association Les Amis de Terre et à d'autres organismes luttant contre la pollution de l'air.

Marina dénonce la toute-puissance du ministère de l'Économie. « Depuis plusieurs années maintenant, nous perdons systématiquement nos arbitrages. Et ce n'est même pas la faute de nos ministères, ce sont toujours les budgets qui nous limitent et nous empêchent d'avancer. »

Les syndicats alertent sur cette situation décourageante en interne. « Ils ont beaucoup de responsabilités sur les épaules, c'est vrai. Ces agents de l'État ont la charge d'une mission essentielle. Ce n'est pas toujours facile pour eux. Il faut qu'ils aient le temps aussi de faire tout le travail d'accompagnement pédagogique. Ce travail-là demande d'être sur le terrain, et une disponibilité. Je ne suis là que depuis un an[1] », argumente Barbara Pompili.

N'oublions pas que ces postes sont prestigieux et que les places valent cher, malgré le travail acharné de ceux qui les acceptent. Pour Marina, hors de question de se plaindre à ses supérieurs de peur d'en subir les conséquences. « Quel que soit le poste, même un directeur, nous pouvons sauter. Des centaines d'autres rêvent de nous remplacer. Quitte à dire oui à tout et n'importe quoi. »

Même si la CGT s'occupe beaucoup plus des agents d'exécution que des hauts fonctionnaires, celle-ci reçoit de plus en plus d'appels à l'aide de la part de la tête de l'administration centrale. Selon la syndicaliste Isabelle Robert, « c'est une situation différente, ils doivent faire profil bas ».

En raison de leur devoir de réserve, tous les membres du ministère et de l'administration, en dehors des syndiqués, doivent suivre, appliquer et endosser les positions officielles.

Résultat : faute de personnel, le ministère a de plus en plus recours à des « cabinets » pour réaliser des études en externe. L'administration se tourne vers l'extérieur pour une expertise qu'elle avait jusqu'alors en interne. Elle se rend ainsi dépendante de cabinets privés. Pour la loi Climat

1. Entretien avec Barbara Pompili, décembre 2021.

et résilience, le ministère a eu recours au cabinet Boston Consulting Group. En 2019, le cabinet Cap Gemini, pour lequel a travaillé l'ancienne ministre Nathalie Kosciusko-Morizet, a réalisé la stratégie nationale de gestion du réseau routier. Un choix d'externalisation qui ne correspond pas aux discours alarmistes de Bercy sur le budget. D'autant que ces études coûteraient plus cher à produire en externe.

Paradoxalement, l'expertise d'un cabinet privé renforce la puissance de l'action de l'État. « Cela permet de montrer que l'action de l'État a été certifié par les plus grands cabinets de conseil, d'audit, etc. Cela donne une légitimité. »

Une autre dimension de ce délitement de l'État : le recours plus systématique à des contractuels. Cela a aussi un effet pervers : la peur de la sanction. « Je me souviens d'un forestier dans l'Est. Il a refusé de faire une coupe à un endroit où c'était interdit car il y avait une espèce de grenouille protégée. Il a quand même été sanctionné par ses supérieurs et est passé en conseil de discipline. Cela a été une bataille pour lui de ne pas être sanctionné, alors qu'il ne respectait pas la loi. Vous imaginez avec un contractuel ? »[1], raconte la députée LFI Mathilde Panot.

Cela amène justement certains fonctionnaires à se faire embaucher par ces entreprises, quitte à laisser leur éthique sur le bas-côté. Il est tout à fait possible de passer d'un poste important au ministère de l'Écologie à un autre, tout aussi prestigieux, dans

1. Entretien avec Mathilde Panot, septembre 2021.

une entreprise anti-écolo. Marc Mortureux, ancien directeur général de la prévention des risques, affilié au ministère de l'Écologie, a par exemple été nommé directeur général de la Plateforme de la filière automobile et mobilité réunissant l'ensemble des industriels de l'automobile en 2018. Ce genre de carrière est autorisé mais mal vu par ceux qui restent au ministère.

« Je trouve facile de tenir un discours prônant l'écologie dans les médias et dans le même temps de détruire l'emploi public en externalisant à des sociétés qui, nous le savons tous, sont suffisamment philanthropes pour préserver notre planète. Comment, à l'aube d'une nécessaire révolution écologique, peut-on encore affaiblir le ministère de la Transition écologique et solidaire ? Pourquoi confier nos missions aux acteurs privés pour un coût exorbitant, jusqu'à huit fois plus cher, alors même que la dette publique continue d'augmenter ? Élevez-vous au-dessus des lobbies et des pressions économiques », écrit une fonctionnaire dans le livret *Paroles d'agent·es* distribué en interne par l'intersyndicale du conseil de défense du ministère de l'Écologie.

Malgré l'urgence qu'il représente, le ministère de l'Écologie peine, plus que d'autres, à recruter des fonctionnaires. Pendant longtemps, il n'a pas été considéré comme assez attirant pour les jeunes diplômés. « Quand vous sortez de polytechnique ou de l'ENA, ce n'est pas le ministère que vous preniez pour faire carrière. Résultat : les gens qui y travaillaient étaient très militants[1] », affirme Nathalie Kosciusko-Morizet. Sa jeunesse, comparé aux autres ministères, ne permet pas d'inspirer de carrières, selon Antoine Vauchez, directeur de recherche au CNRS en sociologie politique. « Historiquement, c'est un ministère faible, comparé à d'autres qui ont une histoire longue. Ceux qui ont émergé avec leurs propres grands corps, comme l'Éducation nationale, ou l'Intérieur[2]. »

Isabelle Robert de la CGT remarque : « J'ai des gens qui veulent adhérer au syndicat, mais qui ne veulent pas que ça se sache. On a des "je suis d'accord avec vous, mais je ne m'afficherai pas parce que je vais avoir des problèmes". S'ils s'exposent un peu trop, ils risquent d'avoir un retour de bâton. Auparavant, il y avait quand même des garde-fous[3]. » Selon elle, il existe deux moyens de pression : les promotions et les mutations. Une inquiétude remarquée également chez l'ancienne ministre Delphine Batho : « La peur de la sanction hiérarchique paralyse. Du coup, on ne dit pas ce qui ne va pas. »

Selon certains ministres, pour réduire cette peur, il faudrait instaurer un rapport de confiance et de respect, tout en restant ferme. Nathalie Kosciusko-Morizet se remémore un épisode marquant pendant la période des fêtes : « Juste après mon arrivée au ministère, il a fait très froid. Les aéroports étaient tous bloqués à cause d'une pénurie de glycol, un produit

1. Entretien avec Nathalie Kosciusko-Morizet, avril 2021.
2. Entretien avec Antoine Vauchez, mars 2021.
3. Entretien avec Isabelle Robert, septembre 2021.

qui permet de dégeler les avions. On avait dû réquisitionner des stocks militaires. Les avions ne décollaient plus et les gens étaient bloqués à Roissy et à Orly. Tout le monde, y compris au plus haut sommet de l'État, voulait que je vire le directeur d'ADP (Aéroport de Paris). Il essayait, le pauvre, mais il ne parvenait pas à les faire décoller. Il s'était déguisé en Père Noël sous le conseil de ses collaborateurs et allait distribuer des cadeaux aux personnes qui attendaient. J'avais 40 de fièvre et mon directeur, déguisé en Père Noël, était en train de distribuer des cadeaux dans les aéroports. Sarko me disait : "Mais fais sauter ce con." Je ne l'ai pas fait. Vous avez besoin d'avoir vos directeurs avec vous et d'établir une relation de confiance. Je ne les jetais pas aux orties, ce qui n'a pas toujours été le cas dans ce ministère. »

Yves Lalonde confirme que l'administration est une alliée à chouchouter si on ne veut pas qu'elle se transforme en ennemie jurée : « J'avais de très bonnes relations avec elle. J'allais les voir, je les protégeais. C'étaient des militants, des gars qui allaient eux-mêmes aider des animaux blessés. Il n'y avait pas de dimanche pour eux. C'était extraordinaire. Vous travaillez avec des gens comme ça, vous êtes heureux. Vous vous portez mutuellement. »

Pour le lobbyiste Thierry Coste l'administration est une force de travail qu'il faut tenir d'une main de fer : « Il faut s'occuper de son administration, la dompter. C'est pareil dans tous les ministères mais c'est peut-être particulier dans celui-ci. » Il arrive que l'administration se rebiffe contre le ministre lorsqu'il souhaite trop la dominer. À l'inverse, elle peut tout décider si le ministre s'avère trop « mou ». « Une administration, ce sont des administratifs. Ce ne sont pas des politiques, mais des techniciens. Ils rédigent des décrets parfaits d'un point de vue juridique. En revanche, ils ne prennent pas de décisions politiques. Ceux qui sont dépassés par leur administration, ne se sont pas donné les moyens de la diriger[1]. »

1. Entretien avec Thierry Coste, juillet 2021.

8.

Une goutte d'eau dans un océan qui monte

« Combien de fois me suis-je retrouvée dans la situation paradoxale d'avoir à soutenir devant le Conseil des ministres de l'Environnement européens des positions qui n'étaient pas les miennes mais celles qui avaient été arbitrées en faveur des autres ministères ? »

Corinne Lepage,
ancienne ministre de l'Écologie[1]

---

1. Corinne Lepage, *On ne peut rien faire, Madame le Ministre…*, *op. cit.*

Contrairement aux ministères qui travaillent sur des problématiques nationales, les atteintes à l'environnement relèvent de l'international. Le ministre peut vite se retrouver dépassé par ces prolongements internationaux. Car qui dit enjeux globaux dit compétences limitées, pays et institutions internationales qui se mêlent à la bataille.

La France émet 1 %[1] des émissions mondiales de gaz à effet de serre. Pour comparer, l'Allemagne émet deux fois plus, les États-Unis, 14 fois plus et la Chine, près de 30 fois plus. Entre 1990 et 2018, les émissions de gaz à effet de serre de la France ont diminué de près de 15 % (- 26 % en Allemagne) contre une hausse de 4 % aux États-Unis et + 370 % en Chine !

Mais il ne faut pas s'en réjouir trop rapidement. Une critique régulièrement soulevée par les pays en développement dans les négociations internationales consiste à regarder notre historique. Les donneurs de leçons laissent à la fois un lourd passif carbone, et surtout délocalisent une partie de

1. Emissions Database for Global Atmospheric Research, 2019.

leur production polluante à l'étranger. Résultat : les émissions sur leur territoire paraissent diminuer. On cache la poussière sous le tapis du voisin. Il faut donc préférer une approche par l'empreinte que par les émissions de CO_2, c'est-à-dire lorsque l'on prend en compte les émissions d'un autre pays, qui ont servi à produire ce que l'on consomme. Les baisse d'émissions que l'on affiche nationalement sont donc trompeuses : il suffit de délocaliser nos industries polluantes en Chine pour voir nos émissions baisser. L'empreinte permet d'éviter ce tour de passe-passe.

En 2017, les émissions par habitant en Chine étaient ainsi presque équivalentes à celles de l'Union européenne. En prenant une approche par l'empreinte, les émissions par habitant sont 20 % plus faibles en Chine que l'Union européenne (6 t. CO_2/hab. en Chine, contre 8 t. CO_2/hab. dans l'UE). Dit plus simplement, on importe le carbone que l'on ne veut pas voir dans nos calculs.

La préservation de l'environnement ne connaît pas les frontières. Aujourd'hui, bon nombre de grandes décisions pour les pays se font directement à Bruxelles. Raisonner à l'échelle de l'Union européenne présente une réelle pertinence. L'Union à 27 représente 8 % des émissions de gaz à effet de serre par exemple[1].

Par ailleurs, l'Union européenne peut infléchir certains modes de consommation. 2 337 millions de tonnes de déchets y sont générés annuellement

1. *Ibid.*

par les ménages et l'activité économique[1]. Alors que nous envoyions jusqu'alors une partie de nos déchets en Chine, le pays a souhaité, au début d'année 2021, arrêter d'être la poubelle du monde, ce qui ne nous empêche pas de continuer à exporter nos débris, à l'étranger, notamment en Roumanie et en Bulgarie[2]. Si l'Europe pollue, l'Union peut très facilement outrepasser les limites du ministère de l'Écologie français. L'Europe représente d'abord une puissance économique. Comme le déplore l'ancien ministre Brice Lalonde : « L'Union européenne a une influence moyenne parce que ce n'est pas un État [...]. La voix politique est très faible. En revanche, son poids économique lui donne les moyens de dire non. Mais elle se sert très peu de cette arme. C'est un nain politique mais un marché géant. »

L'influence de l'Union européenne et de son droit sur la France renvoie à une réalité de plus en plus concrète à mesure que les marchés nationaux se fondent dans le grand marché unique européen. Corinne Lepage estime que « 20 % du droit français de l'environnement est un droit européen[3] » L'Union européenne peut s'avérer particulièrement tatillonne quand une initiative nationale de soutien à une filière favorable à la transition écologique vient défier le sacro-saint principe de concurrence,

1. Eurostat, 2018.

2. « L'Europe de l'Est, terminus des résidus plastiques de l'UE », *Libération*, 31 mai 2021.

3. Entretien avec Corinne Lepage, mars 2021.

inscrit dans son fondement. Delphine Batho raconte être parvenue en tant que ministre à décrocher des arrêtés permettant de créer les conditions de développement de la filière photovoltaïque en France. Mais les arrêtés ont disparu, ou plutôt ont été retenus. Où ? Ce n'était pas Bercy qui ralentissait mais le cabinet du Premier ministre. Comment ? En laissant les arrêtés s'enfoncer dans les sables mouvants d'un bureau rue de Varenne. Pourquoi ? Parce que cela allait irriter la Commission européenne qui pouvait y voir une aide indirecte à la filière, autrement dit, qui viendrait créer une distorsion de concurrence.

L'Union européenne a un ADN économique. La langue du vieux marché commun reste dominante. Par exemple, le changement climatique est présenté moins comme une menace que comme une opportunité. Antoine Vauchez, professeur de science politique et de droit européen, relève « La volonté de construire une écologie *smart*. L'écologie permettra de relancer l'économie et en même temps de faire la transition. Ce sont ces modèles *win-win* qui sont très populaires dans les milieux libéraux. L'écologie est une opportunité de marché[1] ».

Mais il ne faut pas imaginer que le ministère de l'Écologie français se fait passivement dépouiller de ses compétences par une Union libérale. Au contraire, les ministres utilisent ce niveau européen. « Je me suis beaucoup battue contre les incinérateurs grâce à une obligation communautaire, qui

1. Entretien avec Antoine Vauchez, mars 2021.

limitait les émissions de dioxine à partir de 1998[1] », explique Corinne Lepage.

L'ancien ministre de l'Écologie Brice Lalonde se souvient de la connivence créée entre ministres de l'Écologie européens pour adopter des législations européennes qu'ils pouvaient ensuite imposer à leurs pays : « Je suis passé par l'international. D'abord parce que je parle anglais. Ensuite parce que je connais bien mes homologues étrangers. Nous faisions nos combines ensemble et les imposions à nos propres gouvernements. J'arrivais du Conseil des ministres européens et je pouvais dire aux ministres français : "On ne peut pas faire autrement. C'est l'Europe, c'est l'international"[2]. » Les ministres français de l'Écologie sous-investissent les couloirs de Bruxelles. Nathalie Kosciusko-Morizet estime que « la France n'est pas très bonne pour investir des administrations bruxelloises et y imprimer sa marque. Le levier du ministère au niveau européen pourrait être plus développé[3] ». Car l'Europe décide sur des domaines qui ont des effets concrets sur les entreprises, les emplois et les consommateurs de tout le continent.

Sur le front des produits chimiques par exemple, les frontières constituent une aberration. Dans un marché fortement intégré où ces substances chimiques s'échangent en masse, il est impérieux

1. Entretien avec Corinne Lepage, mars 2021.
2. Entretien avec Brice Lalonde, août 2021.
3. Entretien avec Nathalie Kosciusko-Morizet, avril 2021.

de raisonner à grande échelle. N'oublions pas que l'Europe est une terre de chimie depuis la deuxième révolution industrielle, à la fin du XIXe siècle. Elle représentait encore en 2009 environ 23,5 % de la production et de la vente de produits chimiques, à égalité avec la Chine[1].

L'Union européenne s'est mise à légiférer sur ce sujet. Le point d'orgue : l'adoption, en 2006, du règlement pour sécuriser la fabrication et l'utilisation des substances chimiques dans l'industrie européenne. Il est plus connu sous son acronyme Reach (Registration, Evaluation, Authorization and restriction of Chemicals).

Ce règlement, bien souvent ignoré du grand public, n'en est pas moins important. Il forme un cadre juridique unique sur la fabrication, l'échange et l'utilisation de produits. Avant cette période, l'Europe était le Far West de la chimie (100 000 substances chimiques ont été créées au XXe siècle, seuls 3 % ont été sérieusement évalués[2] !). La logique est simple : les entreprises européennes raisonnant de plus en plus à l'échelle du marché unique, il vaut mieux réglementer pour éviter la concurrence déloyale et anti-écologique.

Le seul bémol, on y revient, relève de la puissance des lobbies. Antoine Vauchez, chercheur en science politique, considère que les agences européennes et

---

1. European Chemical Industry Council (Cefic), *2020 Facts & Figures of the European chemical industry*, novembre 2019.

2. Jean-Noël Jouzel, Pierre Lascoumes, « Le règlement REACH, une politique européenne de l'incertain » 2011.

nationales « dépendent de données que les pouvoirs publics ne produisent pas elles-mêmes. Ces données sanitaires, sur les produits, sur les molécules, etc. sont produites par les industries. Ce sont les industries qui apportent à ces agences une bonne partie de l'expertise, à partir desquelles les agences vont réguler ».

Est-il vraiment sain d'avoir une administration chargée du contrôle de l'industrie chimique aussi dépendante de l'information partagée par les industriels eux-mêmes ? Cette relation asymétrique caractérise bien d'autres secteurs. Ce n'est toutefois pas l'avis de tous, à l'instar de l'ancien ministre de l'Écologie et ancien député européen Yves Cochet. « J'ai été deux fois député européen, à vingt ans d'écart [...]. Comme le gouvernement français et les autres, le Parlement européen, la Commission européenne et même le Conseil sont, pour plus de la moitié, instrumentalisés par les grandes forces transnationales, financières et industrielles. C'est dans la commission pour l'environnement que la présence des lobbies est marquée, beaucoup plus que dans la commission financière[1]. »

Les lobbies les plus puissants du monde – qu'il s'agisse des pétroliers, des gaziers, des constructeurs automobiles, des transporteurs, etc. – engagent ainsi des sommes astronomiques pour contrer les ambitions climatiques. Selon l'ONG InfluenceMap, entre la COP 21 de Paris en 2015 et 2019, les géants de l'énergie ExxonMobil, Shell, Chevron,

1. Entretien avec Yves Cochet, août 2021.

BP et Total ont dépensé 1 milliard de dollars en lobbying[1].

Sur le plan international, l'influence du seul ministère de l'Écologie français paraît bien insuffisante.

Mais cette perte d'influence n'est pas propre au ministère français. On apprend dans *Le Monde*[2] que certaines délégations africaines ne parviennent même pas à réunir tous les moyens nécessaires, notamment financiers, pour se rendre à la COP 26 se tenant à Glasgow[3]. Dans le sens inverse, l'ONG Global Witness s'est intéressée à la présence de représentants d'intérêts lors de cette *Conference of Parties* à partir de la liste des accréditations. Leurs résultats sont édifiants : « Si le lobby des énergies fossiles était une délégation nationale à la COP, il serait le plus important, avec 503 délégués, soit deux douzaines de plus que la plus grande délégation nationale[4]. »

Malgré les espoirs, l'accord de Paris signé en 2015 ne contre pas véritablement le tic-tac de l'horloge climatique. Du temps, il en manque. Stéphane Crouzat, l'ambassadeur chargé des négociations sur le changement climatique, s'inquiète

1. InfluenceMap, « How the oil majors have spent $1Bn since Paris on narrative capture and lobbying on climate », 2019.

2. Élise Barthet et Audrey Garric, « COP 26 : les délégations africaines à la peine pour se rendre à Glasgow », *Le Monde*, 11 octobre 2021.

3. *Ibid.*

4. Corporate Accountability, Corporate Europe Observatory (CEO), Glasgow Calls Out Polluters and Global Witness, « Hundreds of fossil fuel lobbyists flooding COP 26 climate talks », novembre 2021.

que la COP 26 ait été décalée d'un an, en raison de la pandémie de Covid-19 : « Le report d'un an n'a pas eu de conséquence juridique, mais chaque jour sans action climatique contribue au problème. La science nous dit que nous avons dix ans pour agir, donc un retard d'une année est terrible. »

Les COP ne sont que la partie émergée de l'iceberg. Les négociations internationales portant sur l'énergie, les pollutions de toutes sortes, la biodiversité, la gestion des océans, etc. sont monnaie courante. Pour autant, le ministre de l'Écologie n'y arrive pas les mains libres. Il est toujours lié à la position déterminée nationalement, la mieux adaptée. Les convictions du ministre s'écrasent sur la position nationale, moins regardante sur les impératifs de protection de la nature. Corinne Lepage : « Un ministre, quel que soit son portefeuille, ne peut, au niveau international, que défendre la position qui est celle du pays auquel il appartient et non pas celle de son propre département ministériel. Quelles que soient ses convictions et sa relative liberté de ton, la position du gouvernement est la sienne. Sa marge de manœuvre est donc très étroite et l'on arrive souvent à des paradoxes qui font d'un ministre de l'Environnement le défenseur, dans les enceintes européennes, d'un secteur économique qu'il a pourtant combattu[1]. » À la longue, cette dissonance peut s'avérer épuisante.

1. Entretien avec Corinne Lepage, mars 2021.

9.

Ministère de l'impossible

« On pourrait mettre Chuck Norris ou n'importe qui à l'Écologie, ce serait pareil. »

Julien Bayou, secrétaire national d'Europe Écologie Les Verts[1]

1. Julien Bayou, France Inter, août 2020.

Voilà déjà deux ans que vous occupez ce poste, vous êtes un excellent ministre. Vous êtes venu à bout de toutes les difficultés qui ont usé vos prédécesseurs. Vous avez surmonté la solitude de votre poste. Ça n'a pas été de tout repos. Entre vos collègues ministres qui vous ignoraient lorsque vous tentiez de les convaincre de l'importance de tel projet de loi et ceux qui réduisaient votre budget… Vous êtes battu sans vous laisser vaincre.

Vous avez vu se succéder les lobbies à votre porte. Vous les avez accueillis, avez écouté leurs peurs, parfois non justifiées. Il a fallu départager les griefs. Faire des choix. Écouter une industrie qui risque de péricliter à cause d'un projet de réglementation. Faut-il accéder à leur demande et dans ce cas ne rien changer ou ne pas les ignorer et vous mettre à dos toute une profession ? Chaque décision est prise après mûre réflexion.

Vous avez fait le choix d'accompagner ceux qui se jugent lésés par l'écologie. Pas question de retomber dans un épisode similaire aux Bonnets rouges ou aux Gilets jaunes. Vous avez compris grâce aux erreurs de vos prédécesseurs que la transition écologique se fera avec tous les Français, pas seulement ceux qui en ont les moyens.

Régulièrement, vous faites appel à la société civile pour lui demander son avis sur différents sujets. Vous avez compris que vous ne pouviez pas vous cacher encore des années derrière le « il faut y aller doucement pour ne pas brusquer les Français ». Les conséquences du réchauffement climatique ont déjà frappé. Vous recevez régulièrement des mails de l'OMM (l'Organisation météorologique mondiale), personnellement adressés à votre ministère, qui dressent le constat effarant du dérèglement climatique dans le monde. Les glaciers de l'Arctique connaissent un record de chaleur, en juin 2020, nous avons dépassé les 38 °C. Vous vous inquiétez de la montée des eaux. Vos collègues rigolent quand vous vous en inquiétez. Et pourtant, même si l'homme réduit ses émissions de gaz à effet de serre, le niveau moyen de l'océan va s'élever, c'est inévitable. Selon le Giec, il devrait monter d'au moins 28 centimètres d'ici 2100 et malgré vos efforts, ce n'est pas assez, toute la communauté internationale n'est pas au même niveau d'ambition climatique. Vous ne serez plus là pour le voir en 2100, mais vous avez déjà fait le déplacement dans les villes les plus menacées. Étretat en Normandie, Gouville-sur-Mer dans la Manche ou Biscarosse dans les Landes.

Vous avez reçu régulièrement les ONG, sans pour autant les privilégier face aux lobbies. Dans un principe d'équité, vous avez décidé de confronter parfois plusieurs camps opposés sous l'œil de votre administration, l'idée n'étant pas de créer un match de boxe mais simplement de trouver des terrains d'entente. Pour la première fois depuis le début de votre mandat, vous vous sentez moins seul. Vous avez décidé de prendre pour modèle l'Allemagne, proche du monde associatif, et demandé à une ONG de vous accompagner lorsque vous sentez que la pression face à vous, qu'elle vienne de Bercy ou d'un autre ministre, est trop forte. Impliquer un élément extérieur est essentiel.

Vous travaillez de jour comme de nuit et ne craignez pas d'être viré pour votre entêtement.

Et pourtant, vous avez l'impression que vous n'allez pas assez vite. Vous ne pouvez pas décréter un régime autoritaire qui limiterait les libertés individuelles pour l'environnement. Jusqu'où pouvez-vous aller pour que les grandes villes françaises ne soient pas invivables dans quelques dizaines d'années ? Interdire certains transporteurs qui sont la première source de gaz à effet de serre dans le pays[1] ? Ou au contraire se concentrer sur les voitures individuelles qui polluent plus que les poids-lourds, car plus nombreuses ? Aller jusqu'à instaurer une limite de déplacements en avion par an et par citoyen ? Dur de savoir où s'arrêter.

Et si, après avoir surmonté tous les problèmes, ce ministère restait, malgré tous vos efforts, celui de l'impossible ? Et si les efforts ne permettaient pas

1. 29,7 % des émissions de CO_2 en 2017, selon le rapport Secten.

de résoudre la crise climatique ? La tâche serait-elle trop grande ? Insurmontable ?

Ces dernières années, les rapports concernant notre futur laissaient toujours une pointe de lumière au fond du tunnel. C'est terminé. Le rapport du Giec ne tire plus la sonnette d'alarme. Le jeu semble déjà plié d'avance. « La température à la surface du globe continuera d'augmenter, au moins jusqu'au milieu du siècle, dans tous les scénarios d'émissions envisagés. Le réchauffement planétaire de 1,5 °C et 2 °C sera dépassé au cours du XXIe siècle, à moins que des réductions importantes des émissions de CO_2 et d'autres gaz à effet de serre n'interviennent dans les prochaines décennies[1]. » Contrairement aux années 1850-1900, la température moyenne à la surface du globe entre 2081 et 2100 sera très probablement supérieure de 1,0 °C dans un scénario où les émissions seraient très fortement réduites. Dans le cas où elles seraient élevées, le Giec estime qu'elle augmenterait de 3,3 °C à 5,7 °C. La dernière fois que la température à la surface du globe a été maintenue à un niveau supérieur ou égal à 2,5 °C remonte à plus de 3 millions d'années. Certains changements sont irréversibles pour les futurs siècles. C'est le cas de la montée des eaux liée à la fonte de la calotte glacière.

Vous le savez, nous vivons en ce moment la sixième extinction de masse, dont l'homme est responsable. Régulièrement, les ONG vous montrent

1. Rapport du Giec, 2021.

des analyses et des preuves du péril de la biodiversité. Environ 1 million d'espèces animales et végétales sont aujourd'hui menacées d'extinction[1]. Vous faites de votre mieux pour préserver la biodiversité à votre échelle nationale, tout en sachant que les 100 espèces les plus menacées ne sont pas dans l'Hexagone (hormis pour l'Albatros d'Amsterdam). Vous limitez l'éclairage public et l'illumination des bâtiments pour éviter une pollution visuelle dévastatrice pour de nombreuses espèces d'oiseaux, d'insectes et de chauve-souris, au grand dam des entreprises et commerçants qui veulent éviter la plongée dans le noir de leur vitrine. Pour préserver les écosystèmes, vous créez de nouvelles aires protégées qui limitent les actions des gros industriels, ce qui fait râler le voisinage et les investisseurs du coin, obligés de demander des autorisations pour la construction de routes ou de bâtiments.

Un président d'une ONG vous demande régulièrement de soutenir une suppression de votre ministre : « Ça diminue ses pouvoirs et sa capacité d'action », vous dit-il. Tandis que d'anciens ministres vous conseillent l'inverse. « Il faut un vice-Premier ministre chargé de l'Écologie » ou encore « le président de la République doit être un écolo dans l'âme ». Vous grimacez. Même vos prédécesseurs ne s'accordent pas sur ce qu'il faut faire de ce ministère.

1. Rapport de la Plateforme intergouvernementales sur la biodiversité et les services écosystémiques, 2020.

Chaque semaine, vous organisez des rendez-vous avec des représentants d'énergies vertes. On vous vend monts et merveilles, la voiture électrique ou encore l'éolienne.

Mais vous le savez aussi, l'extraction et le raffinage des métaux rares qui permettent de faire des énergies vertes, par exemple, les batteries de lithium pour les voitures électriques, demeurent pourtant très polluants. Le monde des technologies qui se veulent plus vertes, indispensables pour stopper le compte à rebours écologique, serait lui-même en grande partie tributaire des métaux « sales »[1].

Vous avez l'impression de devoir faire le choix entre la peste et le choléra.

Au moins l'énergie éolienne n'est-elle pas basée sur une ressource fossile épuisable, mais sur le vent. On sait aussi que les éoliennes peuvent produire un certain bruit, même si elles doivent déjà être à une distance réglementaire de 500 mètres d'une habitation. En 2021, un couple a d'ailleurs obtenu la reconnaissance par la justice française de l'impact des éoliennes sur la santé des riverains, ainsi que 100 000 euros de dédommagement reversés par les exploitants du parc éolien. Vous avez souhaité les rencontrer pour entendre leur histoire et montrer qu'en tant que ministre, vous ne prônez pas aveuglément les énergies vertes.

---

1. Pour une analyse plus poussée de l'impact environnemental des énergies vertes, voir Guillaume Pitron, *La Guerre des métaux rares*, Paris, Les liens qui libèrent, 2018.

Ces époux, Christel et Luc Fockaert achètent, en 2004, un ancien corps de ferme dans le Tarn pour y aménager un gîte. Mais quatre ans plus tard, six éoliennes sont érigées en surplomb de leur bâtisse. S'ensuivent pendant des années des troubles du sommeil, de l'anxiété et des malaises. C'est le syndrome éolien, provoqué par les infrasons propagés dans l'air et le sol. Des effets qui ne disparaîtront qu'à leur déménagement en 2015. Alors, vous réunissez des scientifiques régulièrement pour discuter de ce nouveau syndrome et comprendre son impact sur la santé.

Beaucoup de vos collègues ministres pensent que c'est déjà cuit. Même dans vos bureaux, il vous arrive de saisir des bribes de conversation. « C'est trop tard déjà. Il faut qu'on adoucisse les catastrophes à venir. » Tout le monde semble avoir intégré qu'il faudra composer à l'avenir avec les conséquences du changement climatique. C'est même l'objet du plan d'adaptation de l'État de 2018 réalisé par vos prédécesseurs. En le lisant à votre arrivée, vous étiez effaré par cette vision très alarmiste. « L'objectif [...] est de mettre en œuvre les actions nécessaires pour adapter, d'ici 2050, les territoires de la France métropolitaine et outre-mer aux changements climatiques régionaux attendus. L'hypothèse retenue est une hausse de la température moyenne mondiale de 2 °C par rapport à l'ère préindustrielle même si la France agit sur le plan national et international pour limiter cette hausse à 1,5 °C. » Il ne s'agit plus d'essayer d'endiguer le réchauffement climatique mais de vivre avec.

Si vous êtes parvenu à augmenter votre budget, vous êtes toujours fortement contraint. Votre temps est limité et vous comprenez que vous ne pouvez pas être de toutes les batailles. Vous vous fixez des priorités parmi des centaines d'urgences. Assis à votre bureau, vous levez la tête vers la pendule. 4 heures du matin. Il est temps d'aller dormir un peu, vous avez un déplacement à 7 heures tout à l'heure. Vous voyez une souris passer par l'interstice de la porte. Ce maudit chat n'en est pas venu à bout. On peut dire pareil pour vous avec le réchauffement climatique. Mais il ne vous coûte rien d'essayer.

Remerciements

À Samuel, mon acolyte de travail, présent de jour comme de nuit, pour apporter la rigueur nécessaire à ce livre.

À Clara Dupont-Monod, mon éditrice, sans qui ce livre n'aurait jamais vu le jour, et à son incroyable sourire cévenol.

À Nabil Bereriche, Mahir Guven, Véronique Cardi et toute l'équipe de JC Lattès pour leur confiance et leur travail titanesque.

À mon compagnon, Quentin, pour sa bible de synonymes et son œil affûté lors de la lecture de cet ouvrage.

À ma famille et mes amis pour leur soutien sans faille.

À mon ami Bruno pour ses relectures précieuses qui m'ont donné des palpitations et des fous rires.

À mon collègue, Thibault qui mérite un peu plus que des chocolats et qui a su me conseiller dans les moments les plus stressants.

CET OUVRAGE A ÉTÉ COMPOSÉ PAR PCA
ET ACHEVÉ D'IMPRIMER
PAR CPI BUSSIÈRE (SAINT-AMAND-MONTROND)
POUR LE COMPTE DES ÉDITIONS J.-C. LATTÈS
17, RUE JACOB – 75006 PARIS
EN MARS 2022

PAPIER À BASE DE FIBRES CERTIFIÉES

JC Lattès s'engage pour l'environnement en réduisant l'empreinte carbone de ses livres. Celle de cet exemplaire est de :
480 g éq. CO_2
Rendez-vous sur www.jclattes-durable.fr

N° d'édition : 01 – N° d'impression : 2063792
Dépôt légal : mars 2022
Imprimé en France